欠陥住宅をつかまない法

宮武正基・矢野輝雄 著

緑風出版

はじめに

欠陥住宅をつかまない法

　欠陥住宅の問題には、①欠陥住宅をつかんでしまった場合に、どのようにして解決をするのかという問題と、②欠陥住宅をつかまないように予防するには、どのようにするのかという問題とがあります。しかし、①の欠陥住宅をつかんでしまった場合の解決は非常に困難で、いったん欠陥住宅をつかんでしまった場合は、ほとんど救済が受けられないのが現実です。

　①の欠陥住宅をつかんでしまった場合の解決策としては、(a)建売住宅（マンションも含みます）の売主や注文住宅の建築業者に修繕をして貰うか、最終的には、(b)金銭による損害賠償しか方法がありません。

　ただ、一般的には、(a)の修繕工事も最初のうちは多少の修繕工事はするものの、次々と多くの欠陥箇所が発見されると次第に欠陥を認めなくなったり欠陥を認めても放置するようになります。(b)の金銭による損害賠償請求は当然に裁判所での民事訴訟手続によりますから、建築学の分からない裁判官を相手に訴訟を追行することになりますし、建築学に詳しい弁護士も少ないのが現状です。多額の訴訟費用をかけても勝訴判決が得られるかどうかも分からないのです。更に、訴訟が提起されると、一般に建売住宅の売主も注文住宅の建築業者も裁判の結果が出るまでは何らの対応もしなくなります。

　建売住宅の売主や注文住宅の建築業者等に何らかの行為をさせるためには、民事訴訟による勝訴判決を得て強制執行の手続をとる必要がありますが、裁判所は信用できない機関ですから、民事訴訟で勝訴判決が得られるかどうかは賭け事の結果と同様に全く予測することができないのです。予

測できないのですから、もちろん、あなたが勝訴判決を得られることもあります。世間には良い弁護士に依頼すると民事訴訟に勝訴できると思っている人がいますが、相手方にも良い弁護士が付いた場合を考えると間違いであることはすぐ分かります。

　更に、問題なのは良い裁判官に当たるかどうかが分からないことです。建築学の分かる良い裁判官に当たることを期待することは、四つ葉のクローバーを探すよりも困難なことなのです。

　結局、欠陥住宅をつかんでしまった場合は、よほどの幸運に恵まれない限り、期待したような解決を望むことはできないのです。従って、欠陥住宅をつかまないように最大限の努力をするしかないのです。

　平成17年11月には千葉県市川市の姉歯秀次一級建築士が多数のマンションやホテルの建築確認申請の「構造計算書（けんちくかくにんしんせい）」を偽造していた事件が発覚して大問題となりました。この事件から明白になったように最大の問題は、建築の、①設計、②施工（せこう）、③監理（かんり）の3業務のうち「設計と監理」を担当する建築士が建築会社に従属していてモノが言えない状態になっていることです。大量の欠陥住宅が発生している主な原因は、建築基準法その他の法律制度の不備にありますが、特に建築士の権限の無さが問題になっています。

　更に、この事件では行政と民間の各建築確認機関や検査機関もチェック機能を果たしていないことも判明しました。この事件は氷山の一角だとする意見も多く、構造計算書の偽造は入居者の命を脅かす重大な犯罪行為だと言わざるをえません。

　紀元前1780年頃の古代バビロニアの世界最古の法典であるハンムラビ法典には「大工の建てた家が、堅固でなく倒れて家の主が死んだら、大工は殺される」（飯島紀氏・訳）という条文がありますが、古来、建築は人の命を預かる重大な責任のある仕事であるにもかかわらず、戦後の高度経済成長時代から法律制度の不備により大量の欠陥住宅が作られるようになっているのです。

　本書では、欠陥住宅をつかまない具体的な方法を、法律面と建築技術面

の両方についてなるべく専門用語を使用せずに、やさしく解説しました。更に、もし欠陥住宅をつかんでしまった場合の対応についても一応の説明をしましたが、詳細は、本書の姉妹編である本書の著者（共著）による『欠陥住宅被害・対応マニュアル』（緑風出版）を参考にしてください。本書が一生の買い物である希望通りの住宅を得るために役立つものと信じています。

平成18年1月　　　　　　　　　　　　　　　　　　　　　　　　著者

欠陥住宅をつかまない法/目次

第1章

欠陥住宅とは、どんなものですか
11

- **Q1** 欠陥住宅の「欠陥」とは、どういう意味ですか……………13
- **Q2** 欠陥住宅が作られる原因は、何ですか………………18
- **Q3** 欠陥住宅の欠陥現象には、どんなものがありますか……22
- **Q4** 3階建て木造住宅には、どんな問題がありますか………29
- **Q5** シックハウス症候群とは、何ですか………………32
- **Q6** 宅地建物取引業者の重要事項説明書とは、何ですか……35
- **Q7** ツーバイフォー構法とは、どんな構法ですか……………39
- **Q8** 欠陥住宅をつかまないための事前調査は、どうするのですか………………………………………………………42
- **Q9** 注文住宅と建売住宅では、欠陥の扱いが違いますか……49

第2章

注文住宅で欠陥住宅をつかまないためには、どうするのですか
53

- **Q10** 注文住宅の建築設計の依頼は、どのようにするのですか……55
- **Q11** 注文住宅の建築工事請負業者は、どのようにして決めるのですか………………………………………………62
- **Q12** 注文住宅の建築工事請負契約書は、どのように作成するのですか………………………………………………65
- **Q13** 注文住宅の工事監理の依頼は、どのようにするのですか……71
- **Q14** 住宅性能表示制度とは、どんな制度ですか………………73
- **Q15** 注文住宅の発注から完成までに注意することは、どんなこ

とですか..76

第3章
建売住宅で欠陥住宅をつかまないためには、どうするのですか
83

Q16 建売住宅の売買契約は、どのようにするのですか.....................85
Q17 建売住宅の購入前のチェックは、どのようにするのですか..96
Q18 建売住宅の欠陥住宅の見分け方は、どのようにするのですか..103

第4章
欠陥マンションをつかまないためには、どうするのですか
111

Q19 マンションの売買契約は、どのようにするのですか...............113
Q20 マンションの購入前のチェックは、どのようにするのですか..126
Q21 欠陥マンションの見分け方は、どのようにするのですか.....133

第5章
欠陥住宅をつかんでしまった場合は、どうするのですか
139

Q22 注文住宅で欠陥住宅をつかんでしまった場合は、どうするのですか..141
Q23 建売住宅で欠陥住宅をつかんでしまった場合は、どうする

のですか……………………………………………………………150
Q24 欠陥マンションをつかんでしまった場合は、どうするのですか……………………………………………………………154
Q25 「住宅の品質確保の促進等に関する法律」は、どのように利用するのですか………………………………………………159

付録
165

付録1 欠陥住宅をつかまないためのチェックリスト……………167
付録2 建築確認申請に際して提出する構造計算書の種類と構造審査………………………………………………………177
付録3-1 構造計算書見本（電算出力の表紙）………………………179
付録3-2 構造計算書見本（出力内容の目次）………………………180
付録3-3 構造計算書見本（耐震構造に関係する荷重）……………181
付録3-4 構造計算書見本（耐震構造に関係する地震用重量）……182
付録3-5 構造計算書見本（耐震構造に関係する地震力）…………183
付録3-6 構造計算書見本（耐震構造に関係するＲＣ柱の断面算定）184
付録3-7 構造計算書見本（耐震構造に関係する必要保有水平耐力）185
付録4 注文住宅で欠陥住宅をつかまない手続の流れ………………186
付録5 一戸建て建売住宅で欠陥住宅をつかまない手続の流れ……187
付録6 マンションで欠陥住宅をつかまない手続の流れ……………188
付録7 土地・建物の売買契約書の主なチェックポイント…………189

第1章●
欠陥住宅とは、
どんなものですか

Q1 欠陥住宅の「欠陥」とは、どういう意味ですか

1 欠陥状宅の「欠陥」とは

　欠陥住宅の「欠陥」とは、①注文住宅の場合の建築請負契約や③建売住宅（マンションを含みます）の場合の売買契約の**契約内容に適合していないこと**をいいます。このような欠陥のことを法律用語では、「瑕疵」といいます。**瑕疵とは、その種類のものとして通常有すべき品質や性能を欠いていることをいいます。瑕疵の有無は裁判所が判断します。**

　請負契約とは、注文者と請負人とが注文住宅の完成を約束して完成後に報酬を支払う契約をいいます（民法第632条）。売買契約とは、売主が住宅の所有権を買主に移転することを約束して買主が代金を支払う契約をいいます（民法第555条）。

　契約の内容は、注文住宅と建売住宅とでは異なりますが、注文住宅の場合では、請負人（建築業者）は、建築工事請負契約書とその契約書の一部である設計図面や仕様書（材料の品質・性能・施工方法・製品名その他の指示を文章や数値で示した文書）のほか、契約書に明記していなくても建築基準法の内容や社会通念上、確立された工法に従う必要があります。これらに違反した住宅には欠陥（瑕疵）があるといえます。

　建売住宅の場合でも売買契約書とその契約書の一部である設計図書（図面と仕様書）の内容に適合していない場合は欠陥（瑕疵）があるといえます。設計図書自体に誤りがある場合や施工に誤りがある場合にも欠陥住宅が作られます。

2 欠陥住宅の「欠陥現象」

　欠陥住宅の「欠陥」は、①雨漏りがする、床が傾いている、壁にひび割れがある、漏水が続いている、建物がゆれるなどの誰でも分かる「欠陥現

象」と、②そのような欠陥現象が生じた「欠陥原因」を区別する必要があります。例えば、床が傾いているという「欠陥現象」の「欠陥原因」が敷地地盤の不同沈下であったというような場合です。つまり、欠陥原因を除かない限り、欠陥現象はなくならないということです。

雨漏りがする、床が傾いている、壁にひび割れがあるなどの欠陥現象は誰でも容易に分かりますが、欠陥原因を発見するには困難な場合も多いのです。例えば、新築住宅で雨漏りがする欠陥原因を発見するには、数年にわたる修理を繰り返しても発見できない場合も多いのですが、このような場合は、天井、壁面その他の各所の木材が雨水の浸入によって劣化し建物の基本構造部分も損傷して、結局、建物全体の建て替えが必要になる場合もあるのです。

3　欠陥住宅の「瑕疵（欠陥）の判断基準」

注文住宅や建売住宅の欠陥原因が分かっても、それが法律上の瑕疵として請負人や売主の責任を追及できるかどうかが問題となります。**瑕疵の有無は裁判所が判断しますが、**その欠陥が法律上の概念である瑕疵に該当するかどうかの「瑕疵（欠陥）の判断基準」が必要になります。

欠陥住宅の「欠陥」とは、①注文住宅の場合の建築請負契約や③建売住宅の場合の売買契約の契約内容に適合していないことをいいますから、次のような判断基準によって瑕疵（欠陥）の有無を判断することになります。従って、欠陥住宅をつかまないためには、次の各判断基準を明確にした契約書を作成しておくことが必須のことなのです。結果として欠陥住宅をつかんだ場合でも民事訴訟になった場合に自分の主張が通るように契約書を作成しておくことが必要なのです。つまり、契約書が確実な証拠書類（書証といいます）となるように裁判官を説得できるように作成しておくことが肝要なのです。

(1)　建築工事請負契約書や売買契約書の契約内容

注文住宅の場合の建築工事請負契約書や建売住宅の場合の売買契約書は、一般に請負人や売主が原案を作ることが多いのですが、通

常、原案を作った者にとって有利に作成されていますから、本書に述べる注意事項に沿って契約内容をよく確認しておく必要があります。契約書と一体をなす設計図書（図面と仕様書）の中に、すべての仕様を網羅することは不可能ですから、以下に述べるような欠陥判断基準を包括的に設計図書の中に含めるようにします。

　例えば、後に述べる住宅金融公庫の木造住宅工事共通仕様書の内容を含める場合は、契約書に添付する設計図書について「設計図書に記載のない事項については、設計図書に添付する住宅金融公庫の木造住宅工事共通仕様書に従う」という趣旨を契約書または設計図書に明記しておきます。

(2)　設計図書（工事用の図面と仕様書）の内容

　設計図書とは、工事用の図面と仕様書をいいます（建築基準法2条12号）。仕様書とは、材料などの品質・性能、施工方法、製品名などについての指示を文章や数値などで記載した文書をいいます。設計図書は、注文住宅の請負契約の場合も、建売住宅の売買契約の場合も、契約書の一部として契約書と一体をなしたものとして契約書を作成します。設計図書は、注文住宅の場合の建築工事請負契約書や建売住宅の場合の売買契約書と別冊にして契約書に添付しても構いませんが、その場合には契約書中に「本契約書の一部として添付

Q1——欠陥住宅の「欠陥」とは、どういう意味ですか　15

されている設計図書」ということを明記しておく必要があります。

(3) 建築基準法、建築基準法施行令などの法令の内容

建築基準法の目的は、「この法律は、建築物の敷地、構造、設備及び用途に関する**最低の基準を定めて**、国民の生命、健康及び財産の保護を図り、もって公共の福祉の増進に資することを目的とする」と規定して、建築基準法が「最低限の技術的基準」を定めたことを明らかにしています（建築基準法1条）。従って、建築基準法関係法令に定める技術的基準に違反する場合は、瑕疵（欠陥）があるといえます。これらの基準は契約書に明記しなくても、契約内容に含まれると解されますが、契約書に明記することもできます。

例えば、建築基準法第20条は、構造耐力について、「建築物は、自重、積載荷重、積雪、風圧、土圧及び水圧並びに地震その他の振動及び衝撃に対して安全な構造のものとして、次に定める基準に適合するものでなければならない」として、政令（建築基準法施行令）で詳細な技術的基準を定めています。この技術的基準は最低限の技術的基準ですから、この基準に違反した建物は倒壊などによる生命や財産に対する危険があるということです。

(4) 建築基準法などの法令に基づく国土交通省の告示の内容

建築基準法や建築基準法施行令などの法令に基づいて国土交通省（旧建設省）が詳細な技術的基準を多数告示していますが、これらの告示の内容も最低限の技術的基準ですから、この基準に違反した場合は、欠陥（瑕疵）があるといえます。これらの告示の基準は契約書に明記しなくても、契約内容に含まれると解されますが、契約書に明記することもできます。

(5) 住宅金融公庫の住宅工事共通仕様書の内容

住宅金融公庫の融資を受けた住宅については住宅金融公庫の住宅工事共通仕様書の内容に従う必要がありますが、住宅金融公庫の融資を受けない住宅についても、設計図書の一部として住宅金融公庫

の住宅工事共通仕様書を利用するようにします。契約書の一部として添付する設計図書について「設計図書に記載のない事項については、設計図書に添付する住宅金融公庫の木造住宅工事共通仕様書に従う」という趣旨を契約書または設計図書に明記しておきます。

　住宅金融公庫の住宅工事共通仕様書は、各地の住宅金融公庫にある財団法人住宅金融普及協会で購入することができます。例えば、「木造住宅工事共通仕様書（解説付）」「枠組壁工法住宅工事共通仕様書（解説付）」には、各工法が詳細に解説されていますから、設計図書を理解するのにも参考になります。契約書に添付する仕様書は、解説なしの仕様書を購入して添付します。

(6) 社団法人日本建築学会の建築工事標準仕様書の内容

　社団法人日本建築学会の建築工事標準仕様書の内容は法律上の欠陥判断基準ではありませんが、裁判例では、この建築工事標準仕様書の技術基準が瑕疵の有無を判断する基準となるとしたものがあります。

(7) 住宅の品質確保の促進等に関する法律による指定住宅紛争処理機関の定めた技術的基準の内容

　住宅の品質確保の促進等に関する法律70条では、「国土交通大臣は、指定住宅紛争処理機関による住宅に係る紛争の迅速かつ適正な解決に資するため、住宅紛争処理の参考となるべき技術的基準を定めることができる」と規定して、これに基づく「住宅紛争処理の参考となるべき技術的基準」が告示されています。この技術的基準が直ちに欠陥判断基準とはなりませんが、参考とされます。

(8) 伝統的な木造軸組工法（在来工法）などの確立された標準的工法の内容

　法令や契約書に明文の規定がない場合でも、社会通念上、伝統的な木造軸組工法（在来工法）などの確立された標準的工法の内容は、欠陥判断基準となります。

Q2 欠陥住宅が作られる原因は、何ですか

1　欠陥住宅が作られる原因

　欠陥住宅が作られる原因は、いろいろありますが、最大の原因は、建築業界の構造的な手抜き体質にあるといえます。建築業界の構造的な体質の変化が起こったのは、日本の高度経済成長期に大量販売された建売住宅や注文住宅が大量に出回った頃から主に都市部において最初に発生しました。

　高度経済成長期に大量販売された建売住宅や注文住宅が大量に出回った頃から大手建築会社も含めて熟練労働者が不足してきたほか、会社経営の合理化から正規の従業員の数を減らして臨時要員（アルバイト）を増やし下請けや孫請けの工務店に仕事をさせるのが一般的になってきたのです。従って、大手の建築会社に住宅建築を依頼しても、決して安心はできないのです。

　もともと、住宅建築の請負契約の性質は、単に仕事（住宅建築）の完成を目的とする契約ですから、下請けや孫請けに仕事をさせることを禁止していないのです。請負契約の性質について、民法第632条は、「請負は、当事者の一方（請負人）が、ある仕事を完成することを約し、相手方（注文者）が、その仕事の結果に対してその報酬を支払うことを約することによって、その効力を生ずる」と規定していますから、素人同然の大工に仕事をさせたり下請けや孫請けに仕事をさせてもかまわないことになっているのです。

2　欠陥住宅をつかまないようにするには

　建築工事の施工の手抜き、建築材料の手抜きなど、プロとしての建築業者は、あらゆる場面で手抜きのされた欠陥住宅を作ることができますから、建築の素人の消費者は、欠陥住宅を完全に排除することはできませんが、

なるべく欠陥住宅をつかまないようにするには、消費者は次の点に注意する必要があります。

(1) **注文住宅では、①建築設計、②建築施工（せこう）、③工事監理の３業務を別の者に依頼して業務を分散することにより相互に抑制（チェック）を図ることが必要です。**

① 建築設計とは、設計図書（工事用の図面と仕様書）を作成することをいいます。仕様書とは、材料などの品質・性能、施工方法、製品名などについての指示を文章や数値などで記載した文書をいいます。材料や施工方法に手抜きをされないように一級建築士と詳細な打ち合わせをして一級建築士に詳細な設計図書を作成してもらいます。ただ、一級建築士といっても全国に30万人以上もいますが、住宅設計に必要な①意匠（いしょう）、②構造、③設備の３分野に詳しい者は全体の１割にも満たないといわれていますから、依頼する一級建築士の選択は慎重にする必要があります。

② 建築施工とは、実際に建築工事を実施することをいいます。建築工事は、建築工事請負契約書の契約の相手方（請負人）の責任によって実施されますが、その会社の従業員によってなされるとは限りません。大手の建築会社でも下請けや孫請けの工務店に施工をさせるのが通常です。しかも、その工務店の誰が施工するのかも分かりませんから、大手の建築会社に発注したからといって安心はできません。できれば、請負契約の中で下請けや孫請けの工務店に施工させることを禁止する契約条項を入れますが、そうしない場合でも、注文者の請求により請負人は下請け業者の氏名・名称・住所を報告する義務を負う旨の契約条項を入れます。

③ 工事監理とは、工事監理者が設計図書（工事用の図面と仕様書）と工事施工とを照合し、それが設計図書の通りに施工されているか否かを確認することをいいます。注文者の依頼した工事監理者を置くことは必須のことです。建築工事請負契約書の中に注文者の指定する工事監理者を置くことを明記しておきます。

(2)　建売住宅では、売買契約前に、①建築設計、②建築施工、③工事監理の3業務を実施した者を調査する必要があります。

　　これらの3業務が別の者によって実施されている場合は問題は少ないのですが、3業務の中の2業務以上を同一人（同一会社）が行っている場合は要注意です。買主は、購入前に一級建築士に設計図書（工事用の図面と仕様書）の内容と完成した建物の施工状況をチェックしてもらう必要があります（付録1参照）。チェックの費用は建築士によって異なりますが、おおむねQ18の7の調査費用程度です。一生に何回もない大きな買い物ですから、慎重に検討することが肝要です。

(3)　注文住宅の場合の建築工事請負契約書では、工事監理者も契約当事者とした3者契約（発注者・請負人・工事監理者）として監視機能を強める契約にする必要があります。

(4)　注文住宅の設計図書（工事用の図面と仕様書）の作成は、能力があり信用のできる一級建築士に依頼しますが、設計図書に漏れがあった場合に備えて、「請負人は、本件建築工事に当たり、建築基準法、同施行令その他の建築関係法令（国土交通省、旧建設省の告示を含む）を遵守するとともに、本設計図書に記載のない事項は、最新の住宅金融公庫の住宅工事共通仕様書及び社団法人日本建築学会の各標準仕様書に定める技術基準を最低の基準として遵守し施工をする義務を負う」といった契約条項を契約書に入れておく必要があります。

(5)　3階建て木造住宅は、構造的にも特に欠陥住宅になりやすいので、本章Q4によって厳格に確認する必要があります。3階建て住宅は都心部の狭い土地に建てられることが多いので、準耐火構造（法律に定める耐火性能をもつ構造）になっているかどうかも確認する必要があります。

(6)　注文住宅の場合も建売住宅の場合も、地盤の調査は必須のことです。門、塀その他の小規模の建物を除いて、建築物の基礎の構造は建設省告示で定められていますから、注文住宅の場合は設計図書の

作成と併せて一級建築士に地盤調査も依頼します。建築士で調査ができない場合は建築士に専門の地質調査会社に地盤調査を依頼してもらいます。売買契約の場合も売主から「地盤調査報告書」写しを貰うようにします。

(7)　分譲マンションは一般に完成した建物を見て購入することになりますから、設計業者や施工業者を買主が選ぶことはできませんので、モデルルームや設計図書（建築用の各種図面や詳細な仕様書）をチェックして購入することになります。設計図書を閲覧する場合は、大別して、①意匠図、②構造図（構造計算書を含みます）、③設備図の3種類を閲覧することになりますが、建築についての相当の知識が必要になりますから、一級建築士でマンションの設計に実績のある者に依頼してチェックして貰う必要があります。（チェックの費用はQ18の7参照）チェック項目としては本書の**付録1「欠陥住宅をつかまないためのチェックリスト」**を参考にします。**設計図書を見せないマンションは危険ですから購入してはなりません。**

　マンションが建築中の場合は、鉄筋が配筋された状態その他の特定の工程についてチェックを依頼した一級建築士に見て貰います。鉄筋の配筋その他の工程を見せないマンションは危険ですから購入してはなりません。各工程の工事写真は施工業者が撮影していますが、欠陥箇所・不具合箇所などの都合の悪い施工については写真撮影をしていませんから、写真だけを見て欠陥箇所を発見することは困難です。

(8)　注文住宅でも建売住宅・マンションでも、建築業者や販売業者が倒産した場合は、修繕も受けられないことになりますから、いずれの場合も各業者に財団法人住宅保証機構（電話 03-3584-5748）の住宅性能保証制度の業者登録と住宅登録をしておいて貰うことが必要です。各登録の費用は業者が負担します。これらの登録をしている場合には、業者が倒産しても一定額の保証が受けられます。

Q3 欠陥住宅の欠陥現象には、どんなものがありますか

1　雨漏り

(1)　雨漏りは、欠陥住宅の欠陥の中でも特に多い欠陥現象ですが、数年の修繕を繰り返してもその原因が分からない場合も多いのです。雨漏りには、雨が降ると天井から雨水がポタポタと落ちてくるような場合もありますが、そのような例は少なく、むしろ、建物内部の壁面を伝って各所に漏水の現象が認められる場合が多いのです。新築住宅なのに雨漏りがするような住宅は、各所で手抜き工事が行われている可能性があります。

建物内部の壁面などを伝わった雨水によって部材（建物を構成する柱、梁、筋交いなど）が腐食したり、耐久性能が劣化して建物が危険な状態になる場合があります。

(2)　平成12年4月1日以降に契約された新築住宅(注文住宅・建売住宅)に適用される「住宅の品質確保の促進等に関する法律」(品確法)でも、特に「雨水の浸入を防止する部分として政令で定めるものの瑕疵」については、10年間、担保の責任を負うものと規定しています（品確法87条・88条）。つまり、建築業者や販売業者が10年間は業者負担で修繕しなければなりません。

「雨水の浸入を防止する部分として政令で定めるもの」の範囲は、次のように規定されています（品確法施行令6条）。

①　住宅の屋根もしくは外壁またはこれらの開口部に設ける戸、わくその他の建具

②　雨水を排除するため住宅に設ける排水管のうち、当該住宅の屋根もしくは外壁の内部または屋内にある部分

2　床の傾き

(1) 床の傾きには、いろいろな原因がありますが、特に地盤の傾斜により建物全体が傾く場合が多くなっています。建物の意匠（デザイン）や材料に多額の費用を投入しても、建物の地盤の調査が不十分で、軟弱な地盤に建築していた場合には、地盤の補強をして建物の建て直しをする必要があります。例えば、斜面を切り取って宅地造成をする場合は、擁壁（土砂を止める壁）を設けて盛り土をした軟弱な地盤とその他の固い地盤とができますが、軟弱な地盤が固い地盤と同じようになるには10年はかかると言われています。このような軟弱な地盤に建物を建築する場合は、固い地盤まで杭を打つなどして建物の基礎（建物の重量を地盤に伝える部分）を強固なものにする必要があります。

(2) 建物の基礎の支持力不足がある場合は、年月の経過によって建物が不同沈下（地盤の沈下が不同で傾斜する場合）をします。地盤調査（ボーリング調査など）によって土質の硬軟を判断して基礎の構造を決定する必要がありますが、これを怠ると基礎が不同沈下をして建物が傾くことになります。

(3) 床面の施工不良によって床が傾く場合もあります。また、床を支える構造材の強度不足によって床が傾く場合もあります。

3　結露

(1) 結露とは、空気中の水蒸気が気温の低下により空気中に飽和できなくなって露を結ぶようになる現象をいいますが、窓枠、外壁面、天窓、空調機回り、給水管回りなどによく発生します。雨水の浸入と間違うほどの多量に発生する場合もあります。

(2) 結露の原因には、いろいろな原因がありますが、そのままに放置していると部材の木材を腐食させたり部材の耐久性能が劣化してしまいます。

4　建物がゆれる

(1)　建物がゆれる原因にも、いろいろな原因がありますが、特に木造建物では軸組の筋交い（柱や梁で作った四辺形の構造物に斜めに入れる部材）が不足している場合があります。木造建物は、どうしても構造的に弱いので建築基準法施行令45条・46条で筋交いの材質、必要な数、配置などの最低の技術基準を規定していますが、この規定の通りに施工していない場合には危険な建物となります。

(2)　3階建て木造住宅の場合は構造計算によって建物の安全性を確認する必要がありますが、1階を車庫にしているような場合は構造耐力に問題がある場合も多いのです。

5　壁のひび割れ

(1)　ひび割れ（亀裂）は、①コンクリートの品質不良、②コンクリートの施工不良、③コンクリートの構造不良が原因となって発生します。ひび割れ（亀裂）の幅の許容限度は外気に接する箇所では0.2mm以内、外気に接しない箇所では0.3mm以内と考えられています。

(2)　コンクリートの品質不良には、①骨材（砂や砂利）の品質不良、②セメントの品質不良、③コンクリート添加剤の添加があります。

(3)　コンクリートの施工不良には、①工場出荷後90分以上も時間の経過した生コンクリートを使用した場合、②工事現場で生コンクリートへ多量の加水をした場合、③鉄筋や設備配管のかぶり（かぶっているコンクリートの厚さ）の厚さの不足がある場合その他の種々の施工の手抜きがあります。

(4)　コンクリートの構造不良には、①柱・梁・床の設計ミスにより荷重に耐えられない場合、②基礎の沈下により設計外の力が加わった場合、③鉄筋量や斜め補強材の不足している場合などがあります。

6　設備から漏水する

屋内の水道管、給水管、下水管などから漏水する場合があります。管の

接合不良などの施工上のミスの場合のほか設計上のミスの場合もあります。

7　シックハウス症候群の症状が出る

　室内の化学物質で汚染された空気によって、目・鼻・のどの痛み、めまい、吐き気などの体調不良を起こす場合があります。原因を特定しにくい場合もありますが、建材に化学物質を使用したものを使わないことが肝要です。

8　柱や梁の接合不良

　柱や梁（屋根などを支えるために水平に渡した部材）で構成した骨組みを軸組といいますが、軸組の部材を接合する部分（部材を継ぎ足す接合部を継手といい、二つの部材をある角度に接合する場合を仕口といいます）の接合方法（緊結方法）は、建築基準法施行令第47条で決められています。建設省告示（平成12年第1460号・木造の継手及び仕口の構造方法を定める件）でも接合方法が定められています。これらの規定に違反した手抜き工事によって欠陥住宅が作られます。

9　筋交いや火打材の施工不良

(1)　筋交いとは、柱や梁で作った四辺形の構造物に斜めに入れる部材をいいます。筋交いは、風圧力や地震力などの水平力による軸組の変形を防ぐために入れる部材で、建物の全体を堅固にするために必要なのです。これの施工不良は建物の倒壊につながります。

(2)　火打材とは、小屋組（屋根を支える骨組）や床組（木造の床を支える構造部分）の水平面に斜めに入れて隅角部を堅固にする部材をいいます。これの施工不良は建物の倒壊につながります。これらの手抜き工事が多いのです。

10　耐力壁の施工不良

(1)　耐力壁とは、壁のうち風圧力や地震力に抵抗するものをいいます。

耐力壁は、各方向からの水平力にバランスよく抵抗することができるように、平面の各隅角部にL字型の耐力壁をバランスよく配置することが必要です。耐力壁の種類には、各種ありますが、いずれも建設省告示（昭和56年第1100号・建築基準法施行令第46条第4項表1(1)項から(7)項までに掲げる軸組と同等以上の耐力を有する軸組及び当該軸組に係る倍率の数値）に従う必要があります。この告示の基準は最低限度の技術基準を定めたものですから、これに違反した建物は倒壊する危険性があります。
(2)　耐力壁の種類には、各種ありますが、例えば、材料に「せっこうボード」を使用した場合は、建設省告示昭和56年第1100号の別表第1の(10)によると、「くぎ打ちの方法」として「くぎの種類」をGNF40又はGNC40とし、「くぎの間隔」は15cm以下としなければならないとされています。しかし、手抜き工事で多いのは、くぎの間隔を守らない場合で、耐力壁の強度が弱くなり地震により倒壊する危険性もあります。

11　ツーバイフォー構法のくぎの間隔の施工不良

(1)　ツーバイフォー構法（two-by-four construction　木造枠組壁構法）とは、アメリカやカナダで発達した構造形式で、規格で定められた数少ない種類の構造用合板などで壁枠組や床枠組を組み立てて一体化する構法をいいます。加工・組み立てが簡単で熟練した高度の技術は必要なく工事期間も在来軸組構法に比べて短くなります。
(2)　ツーバイフォー構法は構造用合板などの壁枠組や床枠組を組み立てるだけですから、特にくぎ打ちによって構造耐力を持たせるので、くぎの間隔が重要になっています。しかし、このくぎの間隔の手抜き工事や電動くぎ打ち器を使用した場合のミスなどによって正確にくぎが打たれていない場合も多いのです。くぎの間隔は特に重要で、くぎの間隔の手抜き工事は建物の基本構造部分の欠陥として、くぎ打ちの手抜き工事が発見された場合は補修は困難ですから取り壊し

て建て替えるしかありません。

12　鉄骨の溶接の施工不良
(1)　鉄骨造りの住宅では、鉄骨の溶接によって柱や梁などの骨組みが組み立てられますから、溶接は必須の工事となります。溶接とは、鋼材と鋼材とを一体化するために熱によって溶融して接合することをいいます。
(2)　溶接の種類には、大別すると次の3種類がありますが、融接のうち電極間のアーク熱（電極間に大電流を流して発生させる多量の光熱）で鋼材の接合部を溶かし鋼材と鋼材とを一体化させるアーク溶接が多く用いられます。溶接は、すぐれた接合方法ですが、高度の熟練技術を必要としますから、素人同然の溶接工によって欠陥住宅が作られます。
①　融接（接合部を加熱し溶融して鋼材を接合すること）
②　圧接（接合部を加熱・溶融し鋼材の接合面に圧力を加えて接合すること）
③　蠟接（接合部に溶融点の低い異種金属を溶かし込んで接合すること）

13　マンションの欠陥現象
(1)　マンション設計の構造計算、構造図の不備としては、初めから悪意を持った構造計算書の偽造のほか、構造計算書と構造図のミスによる不一致、設計変更に伴う構造修正を怠る場合などがありますが、これらの設計不良があった場合は、欠陥現象としては、柱、梁、耐力壁などの大きなクラック（亀裂）の発生となって現われます。マンション購入前に構造の欠陥を発見することは困難な場合が多いのですが、構造の欠陥がある場合は、大きな地震があると倒壊する危険性があります。
(2)　設備設計図の不備としては、もっとも多いのが排水配管の勾配、

接合、通気の設計ミスがありますが、これらの設計不良があった場合は、欠陥現象としては、排水不良、悪臭、水漏れなどが起こります。給水関係では、給水管径不足、揚水ポンプの能力不足、受水槽の容量不足により、水の出が悪くなったり水漏れなどの現象が起こります。

　電気関係では、容量不足によりブレーカーが頻繁に落ちるとか、配線の発熱により配線が焦げるなどの現象が起こります。その他の設備の不良も実際に使用して初めて分かるものが多いので厄介です。

(3)　施工不良による欠陥現象は無数に発生する可能性があります。もっとも多いのが、建具・サッシなどの不具合で開閉が困難になります。次に、多いのが床面の不具合で、床鳴り、床材のひび割れなどがあります。壁面では、クロスが裂ける場合のほか、たるみやはがれが発生します。ベランダにはクラック（亀裂）ができたり水漏れしたりする場合があります。施工不良による欠陥現象の発生原因には、①使用材料の不良と、②施工方法の不良があります。これらの欠陥現象は、完成直後に現われるものもありますが、多くは１年ないし２年程度経過した後に現われるものが多いのです。

Q4 3階建て木造住宅には、どんな問題がありますか

1　3階建て木造住宅の構造上の問題

　3階建て木造住宅は、昭和62年の建築基準法の改正によって構造性能や耐火性能の技術基準をきびしくして建築可能とはされましたが、本質的に危険な建物といえます。

　建築基準法第20条では、①建築物の安全上必要な構造方法に関して建築基準法施行令で定める技術的基準に適合しているほか、②建築基準法施行令で定める基準に従った「構造計算」によって確かめられる安全性を有することが必要とされています。3階建て木造住宅の建築には、構造計算（構造物の部材の形状を仮定し適切な設計荷重に対して設計条件が満足されているかを数値計算によって確認すること）が必要ですから、建売住宅の場合でも売買契約の前に構造計算書を一級建築士に確認してもらうことが大切です。

　3階建て木造住宅の構造上の問題としては次のような問題があります。

(1)　3階建て木造住宅は、主に都心部の狭い土地に建てますから、自動車の駐車場を1階部分にとる場合も多いのですが、1階部分の空間を広くするために耐力壁（風圧力や地震力に耐えるための壁）を取り払っている場合があります。**耐力壁を取り払ったことによる十分な補強工事がされていない場合は、地震などによる倒壊の原因になります。**

(2)　3階建て木造住宅は、構造そのものに無理をしていますから、構造計算によって必要とされた耐力壁その他の部材を少なくとも建築基準法に規定する技術基準によって正確に施工する必要があります。ところが、実際には、耐力壁そのものの欠陥（必要なくぎ打ちがなされていない、長さ不足、筋交いの不足など）や耐力壁の施工の欠

陥（配置する位置や数の手抜きなど）が多いのが実情です。
(3) 適法に建築確認申請（建築前に建築物が法令に適合しているか否かの確認を求めるため自治体の建築主事または民間の指定確認検査機関に申請すること）をして建築確認を得た後に、申請内容を変更して違法建築がなされる場合がありますから、建売住宅の場合は売買契約の前に建築主事などの作成した中間検査と完了検査の合格証を確認することが大切です。これによって違法建築かどうかが分かります。しかし、合格証があっても、それは単に特定の検査項目に合格しただけのことですから、欠陥住宅でないことが証明されるものではありません。

2　3階建て木造住宅の技術基準

　3階建て木造住宅は、準防火地域（市街地における火災の危険を防除するために指定されている地域）においても建築ができることとされていますが、その耐火性能について建築基準法や建築基準法施行令で技術基準が定められています。準防火地域の3階建て木造住宅の耐火性能には、例えば、次の技術基準を満たすことが必要です。これらの技術基準を満たさない住宅は、欠陥住宅といえます。
(1) 屋根の構造は、不燃材料（瓦、金属板など）で葺く。
(2) 屋根直下の天井には、防火被覆（石膏ボード厚12 mm＋石膏ボード厚9 mmの二重貼りとする）をする。
(3) 軒裏の構造は、防火構造（鉄網モルタル壁または木ずりしっくい塗で厚さ20 mm以上、石膏ボード厚12 mm＋亜鉛鉄板など）とする。
(4) 外壁の構造は、防火構造（鉄網モルタル壁厚20 mm以上、石膏ボード厚12 mm＋亜鉛鉄板など）とする。
(5) 外壁の室内側の構造は、防火被覆（石膏ボード12 mm以上、石膏ボード厚9 mm＋石膏ボード9 mmなど）とする。
(6) 3階床直下・2階床直下の天井の構造は、防火被覆（石膏ボード12 mm以上、石膏ボード厚9 mm＋石膏ボード9 mmなど）とする。

(7) 室内に露出している柱や梁は、小径12cm以上とするか防火被覆をする。
(8) 隣地境界線から1m以内にある外壁面の窓やドアは、常時閉鎖式か煙熱感知器・温度ヒューズ連動式防火戸またははめ殺し防火戸（開閉できない戸）とする。
(9) 隣地境界線から1m超にある外壁面の窓やドアは、延焼のおそれのある部分（隣地境界線から1階は3m以下、2階は5m以下の部分）については防火戸（サッシュ、網入りガラスなど）とする。

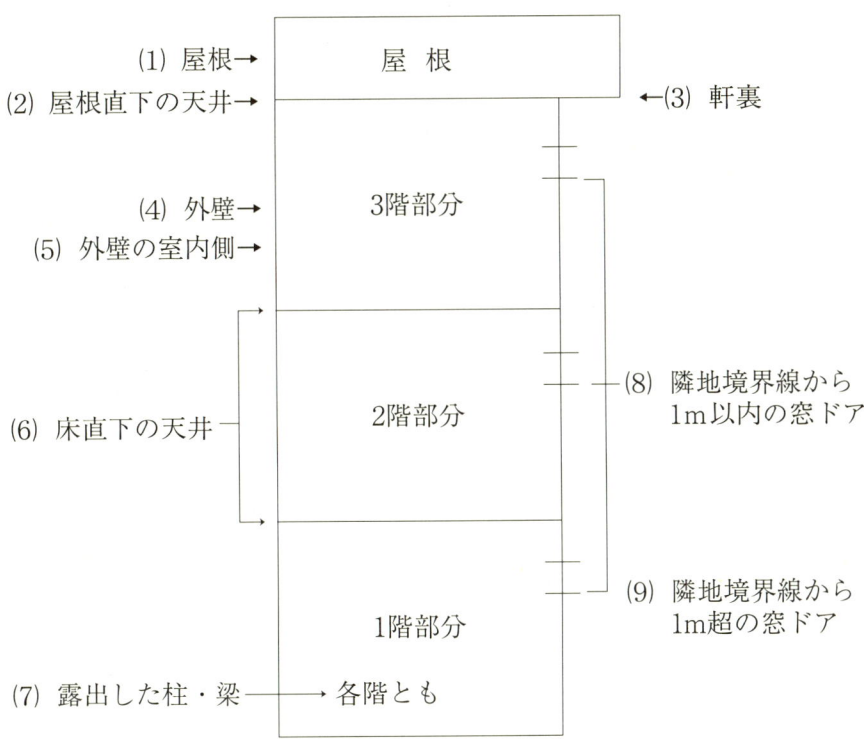

Q5 シックハウス症候群とは、何ですか

1　シックハウス症候群とは

　シックハウス症候群とは、住宅建材などに使われている化学物質による室内の汚染された空気が原因で、住んでいる人が目・鼻・のどの痛み、めまい、吐き気などの健康被害が出る症状をいいます。住宅建材などに使われている化学物質によることから化学物質過敏症ともいいます。

　建材などに使われている揮発性の化学物質が室内の空気を汚染して体調不良の症状を発生させますから、一般の一戸建て住宅のほかマンション、オフィスビルの事務室、学校の教室などでも新しい種類の建材を使用した場合に問題になっています。こうした化学物質は、住宅建材（合板、壁紙その他）だけではなく、家具、シロアリ駆除の薬品、塗料、防虫剤、防カビ剤、除草剤、床用ワックスなどにも使われています。

　シックハウス症候群の主な症状には、①目が痛い、②頭が痛い、③臭いが気になる、④せきが出たり喘息のような症状になる、⑤アトピー・湿疹などの皮膚に症状が出る、⑥くしゃみや鼻水が出る、⑦のどが痛い、⑧涙が出る、⑨吐き気がする、⑩身体がだるいといった症状があります。見えない恐怖の化学物質だらけの住宅を買うと取り返しのつかないことになりますから、注意が必要です。

2　住宅に使用することを規制されている化学物質

　住宅に使用することを規制されている化学物質には、①クロルピリホスと、②ホルムアルデヒドがあります。①クロルピリホスを添加した建材は、室内への使用が禁止されています。②ホルムアルデヒドを発散する建材については、換気回数に応じた面積制限や換気装置の設置が義務づけられています。ホルムアルデヒドは合成樹脂や接着剤からも発散し、目、のど、

鼻に強い刺激を与えますが、急性毒性が強く発ガン性もあるとされています。慢性症状として肺活量の減少、せきを伴う気管支炎のような症状、喘息のような症状が出るとされています。

シックハウス症候群の主な原因には、次のような原因がありますが、根本は、日本の住宅政策が大量生産の粗製乱造のローコスト住宅にあると言えます。

(1) 建材、塗料、内装材、家具のほか施工自体に化学物質を使用した場合
(2) 建材、塗料、内装材、家具に防虫剤、防カビ剤などの化学物質が入っている場合
(3) 室内の換気が十分でない場合

3　シックハウス症候群の原因となる主な化学物質

2000年までに厚生省（現厚生労働省）が発表したシックハウス症候群の原因となる主な8つの原因化学物質の室内汚染度のガイドライン値によると次のような数値となっています。以下のppmは100万分の1を意味する単位で、ppbは、ppmの1000分の1の単位＝10億分の1の単位を示します。

① ホルムアルデヒド　　　　　0.08ppm
② トルエン　　　　　　　　　0.07ppm
③ キシレン　　　　　　　　　0.20ppm
④ パラジクロロベンゼン　　　0.04ppm
⑤ エチルベンゼン　　　　　　0.88ppm
⑥ スチレン　　　　　　　　　0.05ppm
⑦ フタル酸ジ-n-ブチル　　　0.02ppm
⑧ クロルピリホス　　　　　　0.07ppb

4　有害化学物質がよく使われる場合

有害化学物質のホルムアルデヒドがよく使われるのは、合板（薄く削っ

た木材を貼り合わせた建材)、集成材(木片を集めて作る建材)、パーティクルボード(木片チップを接着剤で板状に成型した建材)、ファイバーボード(木材繊維を接着剤で板状に成型した建材)などの建材があります。

　これらの建材に使用された接着剤から揮発するのがホルムアルデヒドで、防虫剤、防腐剤などにも使用されます。ホルムアルデヒドは、劇物指定されている発ガン性物質で強い急性毒性を持っています。ホルムアルデヒドを含んだ接着剤を使用した建材は、フローリング(床板)、壁、天井材、家具類(タンス、食器棚、下駄箱など)、押し入れなどに使われています。

　塗装工事に用いられる有機溶剤系の塗料には、トルエン、キシレン、ベンゼンなどが使用されています。トルエンは、目やのどの痛みの症状が出ますし、キシレンやベンゼンは頭痛や吐き気の原因となります。

　これらの有害化学物質を排除するためには、注文住宅の場合には設計図書の中で明確にする必要があります。建売住宅の場合にも設計図書を一級建築士に確認してもらう必要があります。

Q6 宅地建物取引業者の重要事項説明書とは、何ですか

1　宅地建物取引業者の重要事項説明書とは

　一戸建て建売住宅やマンションは、建築主の所有者から直接購入することもありますが、多数の物件の中から選択するには宅地建物取引業者の仲介（媒介）によって購入することも多いものです。

　宅地建物取引業者とは、国土交通大臣または都道府県知事の免許を受けて宅地建物取引業を営む者をいいます。宅地建物取引業とは、①宅地または建物の売買または交換、②宅地または建物の売買、交換、賃借の代理、③宅地または建物の売買、交換、賃借の媒介（仲介）の各行為を業として行うものをいいます。

　宅地建物取引業者は、これらの各行為の相手方または各当事者に対して一定の重要な事項について記載した書面（重要事項説明書）を交付して説明をしなければならないとされています（宅地建物取引業法第35条）。

　つまり、宅地建物取引業者は、①宅地または建物の売買・交換・賃借の相手方、代理を依頼した者、売買・交換・賃借の媒介の各当事者に対して、②その者が取得しようとしている宅地または建物に関し、③その売買契約・賃貸借契約などが成立するまでの間に、④宅地建物取引主任者をして、少なくとも宅地建物取引業法に規定する重要事項について、⑤これらの事項を記載した書面（重要事項説明書）を交付して説明をさせなければならないとしています（宅地建物取引業法第35条）。

　宅地建物取引主任者とは、都道府県知事の行う宅地建物取引主任者試験に合格した後、都道府県知事の登録を受け、登録している都道府県知事から宅地建物取引主任者証の交付を受けた者をいいます。この取引主任者は、重要事項の説明、重要事項説明書や契約書への記名押印など重要な業務を担当しますから、必要な調査を怠るなどして過失があった場合は、取引主

任者本人の債務不履行責任ないし不法行為責任や雇用主の使用者責任（不法行為責任）を問われることになります。

2　重要事項説明書に記載する事項

重要事項説明書に記載する事項は、宅地建物取引業法第35条第1項の規定によって、少なくとも次の事項を記載する必要があります。

(1)　取引対象の宅地または建物の上に存する登記された権利の種類・内容および登記名義人または登記簿の表題部に記載された所有者の氏名・名称

(2)　都市計画法、建築基準法その他の法令に基づく制限で契約内容の別（宅地・建物の別、売買・交換・賃貸借の別）に応じて政令で定めるものに関する事項の概要

(3)　その契約が建物の賃借契約以外のものでは、私道に関する負担に関する事項

(4)　飲用水・電気・ガスの供給および排水施設の整備状況

(5)　取引対象の宅地または建物が完成前のものである場合は、その完了時の形状・構造その他国土交通省令で定める事項

(6)　取引対象の建物がマンション等の区分所有建物である場合は、一棟の建物またはその敷地に関する権利およびこれらの管理または使用に関する事項で国土交通省令で定めるもの

(7)　代金、交換差金、借賃以外に授受される金銭（手付金、敷金、権利金、礼金、証拠金、保証金など）の額およびその金銭の授受の目的

(8)　契約の解除に関する事項

(9)　損害賠償の予定または違約金に関する事項

(10)　工事完了前の物件（造成中の宅地、建築中の建物など）の売買の場合に手付金等を受領しようとする場合は、銀行、信託会社、指定保証機関などによる保証の措置の概要

(11)　支払金または預かり金を受領しようとする場合の保全措置（宅地建物取引業保証協会その他の指定保証機関の保証など）の概要

(12) 代金または交換差金に関する金銭の貸借の斡旋の内容およびその斡旋に係る金銭の貸借が成立しない場合の措置
(13) その他宅地建物取引業者の相手方などの保護の必要性および契約内容の別を勘案して国土交通省令で定める事項（浴室・便所などの建物の設備の整備状況、契約期間・契約更新に関する事項、用途その他の利用の制限に関する事項、その他）

割賦販売の場合には、次の事項が追加されます。
(14) 現金販売価格
(15) 割賦販売価格
(16) 宅地または建物の引渡しまでに支払う金銭の額および賦払金の額並びにその支払いの時期および方法

3　重要事項説明書の交付と添付書類

　宅地建物取引業者の実務では、重要事項説明書の記入用紙が作成されており、宅地建物取引業法第35条第1項に規定する各事項を記入して作成することとしています。記入用紙に記入欄のない特別の事項については別の補足資料が添付されます。その他の重要事項説明書の添付資料としては、宅地や建物の登記簿謄本、土地の公図写し、地積測量図写し、建物図面その他の設計図書写し、売買契約書案、住宅性能評価書写しなどが添付される場合があります。

　重要事項説明書は、宅地建物取引主任者が内容を説明して契約当事者に交付する必要がありますから、一般に売買の媒介（仲介）の場合は、売主用、買主用、宅地建物取引業者用（取引主任者用）の3部が作成されます。宅地建物取引業者用（取引主任者用）の重要事項説明書には、「頭書宅地建物取引主任者から宅地建物取引主任者証の提示のもと、重要事項の説明を受け説明書を受領しました。平成○年○月○日　売主○○○○（印）買主○○○○（印）」の表示と記名・押印がなされます。

　宅地・建物の売買の媒介（仲介）の場合の宅地建物取引業者の報酬は、建設省告示によって最高限度額が次の割合により計算した金額の合計額と

されています。
　　200万円以下の金額については、100分の5
　　200万円を超え400万円以下の金額については、100分の4
　　400万円を超える金額については、100分の3
　宅地建物取引業者の媒介報酬は、その媒介（仲介）よって契約がなされた場合にのみ報酬を請求することができるものとされています。つまり、媒介が成功した場合にのみ成功報酬を請求することができるのです（成功報酬主義）。

Q7 ツーバイフォー構法とは、どんな構法ですか

1　ツーバイフォー構法とは

　ツーバイフォー構法(two-by-four construction)とは、北アメリカやカナダで発達した木造枠組壁構法で、規格で定められた数少ない種類の構造用合板などで壁枠組・床枠組・屋根枠組を組み立てて一体化する構法をいいます。2×4構法ともいいます。

　この木造枠組壁構法は、在来の木造軸組構法が架構式（複数の部材で骨組を組み立てる方式）であるのに対して、壁枠組・床枠組・屋根枠組を一体に組み立てる組み立て方式のパネル式構造になっています。

　このツーバイフォー構法（木造枠組壁構法）は、在来の木造軸組構法と比べて次のような特徴があります。

(1)　ツーバイフォー構法は、部材の継手（木材を継ぎ足す接合部）や仕口（二つの部材をある角度に接合すること）のほぞ（一方の部材を他の部材に差し込むようにした部分）を作らないため加工や組み立てが簡単で、高度の熟練技術を要しないし、電動工具も使用できるので、工事期間（工期）が在来木造軸組構法と比べて短縮されるという特徴を持っています。

(2)　ツーバイフォー構法は、壁枠組の構成に制約があるため間取りの制限や扉・窓などの開口部の配置の制約があるほか、接合部の強度は金物類によっているので、接合部の接合金物や釘の選択や施工には特別の注意が必要です。

2　ツーバイフォー構法で用いる構造材など

　ツーバイフォー構法で用いる構造材や釘などは、JIS規格やJAS規格に適合したものを使用する必要があります。

(1) 枠組材は、従来の在来木造軸組構法の製材とは異なり、製材1本ごとに強度別の等級などの格付表示がなされています。例えば、土台（柱の脚部を固定する水平材）や根太(ねだ)（床板を受ける横架材）の部分には甲種枠組材の2級以上のものを使用する必要があります。ツーバイフォー構法の使用する製材の規格寸法は11種類ありますが、実際によく使用されるのは11種類の半分程度で、角材の断面が2インチ×4インチの規格の部材（現在の日本では38mm×89mmの部材）がもっともよく使用されます。北アメリカ産のベイツガ材がよく使用されています。

(2) 壁面や床面などの面材には、構造用合板や石膏ボードなどが用いられますが、使用する部分に応じて種類や品質がJIS規格やJAS規格で定められています。

(3) 使用する接合金物や釘も決められていますが、ツーバイフォー構法は、部材を金物や釘で打ちつけて箱を組み立てるようにして建物を完成させるものですから、使用する部材や使用場所に応じた接合金物や釘の選択と施工が特に大切なのです。例えば、釘の種類も使用する場所に応じて決められています。

3 ツーバイフォー構法の壁枠組の構成

ツーバイフォー構法は、壁組と床組を作って箱を組み立てるように建物を組み立てて行きますから、壁枠組の構成が特に重要です。壁で全体の重さを支えていますから、耐力壁の壁枠組では、鉛直(えんちょく)荷重（垂直方向に作用する力）や水平力（水平方向に作用する力）に耐えられるように次の通りに構成・配置する必要があります。

(1) 耐力壁線（耐力壁の中心線）の相互の距離は12m以下とします。
(2) 耐力壁線に囲まれた面積は40㎡以下とします。
(3) 外壁の耐力壁線相互の交差部の一方には、長さ90cm以上の耐力壁を設けます。
(4) 耐力壁線に設ける開口部の幅は4m以下とし、開口部幅の合計は、

その耐力壁線の４分の３以下にします。

4 プレハブ工法

　近年、建物を少ない労力と短い時間で作り品質を高めるために建物の各部分を工場生産し建築現場で組み立てるプレファブリケーション（prefabrication あらかじめ組み立てること）が進んでいますが、ツーバイフォー構法は、日本でいう「プレハブ工法」とは異なります。プレハブ工法とは、主な建築部材をあらかじめ工場で製作して建築現場では簡単な組み立てや取り付けだけで済むようにした認定を受けた工法をいいます。

　日本でいう「プレハブ工法」は、建物の主要構造部（壁、柱、屋根、床、梁など）を工場であらかじめ製作しておいて、それらの建材を建築現場で組み立てる工法をいい、プレハブ住宅とは、こうして組み立てられた組み立て式の建物をいいます。箱状に組み立てられた部分を建築現場に運んでボルトで直接基礎に止めるものもあります。

Q8 欠陥住宅をつかまないための事前調査は、どうするのですか

1 欠陥住宅をつかまないための事前調査

　注文住宅の場合はもちろんのこと建売住宅の場合でも土地（場所）の選定は非常に重要ですから慎重に選択する必要があります。どこに住みたいのかは、それぞれの人生観やライフプランによって異なりますが、土地を選択する場合の一般的なチェック項目は次の通りです。これらについての事前調査は必須のことといえます。

① 交通の便はよいか
② 近くに病院や医院はあるか
③ 近くに日常の買い物のできるスーパーマーケットなどはあるか
④ 近くに郵便局や銀行はあるか
⑤ 小さい子どものいる場合は、幼稚園や小学校が近くにあるか
⑥ 周辺の景観や自然環境はよいか
⑦ その地域にはどんな人が住んでいるか
⑧ 土地の地盤の強さに問題はないか（傾斜地・沼地の宅地造成は要注意）
⑨ 大雨や高潮でも浸水することはないか
⑩ ガケ崩れ・山崩れなどの危険はないか
⑪ 日照は将来も確保される土地か（隣地が空き地の場合は要注意）
⑫ 鉄道、道路、工場などの騒音、振動、悪臭の発生源はないか
⑬ その土地の法令上の建築規制は、どうなっているか
　ア　都市計画法の用途地域の種類は、どうなっているか

> 　イ　建築基準法に規定する道路幅（原則として４ｍ以上の幅の道路に２ｍ以上接していること）の要件を満たしているか
> 　ウ　その他の法令上の建築規制は、どうなっているか
> ⑭　隣地との境界線は、明確か
> ⑮　その土地の所有者は、誰か（登記簿上の所有者に間違いないか）
> ⑯　所有権を制限する権利（地上権、地役権、賃借権など）は付いていないか
> ⑰　電気・ガス・水道・排水の各設備に支障はないか

これらの項目の中で特に問題となる事項は、次の通りです。
(1) 建物の敷地は幅員４ｍ以上の道路に２ｍ以上接しているか

　　建築基準法第43条では、建物の敷地は原則として幅員４ｍ以上の道路に２ｍ以上接していなければならないと規定されています。この場合の道路とは、道路法による道路、都市計画法・土地区画整理法などによる道路などの公共の道路か私道（私人が築造・管理する道路で市町村長などが道路位置指定をしたもの）をいいます。実際には土地が私道の形状をしていても、田、畑などは建築基準法の道路には該当しません。

(2) 隣地との境界は確定しているか

　　敷地を入手する場合は、隣地との境界を明確にしておく必要があります。建物の敷地を売買により所有権を取得する場合のほか、建物の敷地を借地権（建物の所有を目的とする地上権または賃借権）により利用する場合も同じです。土地の形状は国土調査の完了した地域では登記所（法務局）に備えつけている地図によりかなり正確に分かりますが、国土調査の完了していない地域では公図と呼ばれる縮尺も明確でない地図しかありません。

　　国土調査の完了した地域の地図は、隣地所有者が相互に境界を確認して地図が作成されていますから、境界が問題となることはほと

んどありませんが、公図しかない場合は境界が明確でないため境界が問題となることが多いのです。従って、建物の敷地を入手する場合は隣地所有者間で協議をして境界標を設置するなど土地の境界を明確にしておく必要があります。

(3) 土地の所有者は誰か

　敷地を入手する場合は、その土地の所有者を正確に把握しておく必要があります。建物の敷地を売買により所有権を取得する場合のほか、建物の敷地を借地権により利用する場合も同じです。

　土地の所有者の確認は一般に登記所の登記簿によって確認しますが、登記は所有権を取得する場合の要件ではありませんから、登記簿の所有者が真実の所有者とは限らないのです。例えば、死者の名義のままにしている土地がありますし、他人に売っても登記をしていない場合もあります。登記の仕組みは、例えば、土地所有者のAが、Aの土地をBとCに対して二重に売り渡した場合に先に登記をした者が所有権を取得するという仕組みを取っています。この場合、先に登記をした者が第三者に対して所有権取得を主張することができる効力を対抗力といいます。対抗力を生じさせる要件である登記のことを対抗要件といいます。つまり、登記は、単に所有権取得を第三者に主張するための対抗要件に過ぎないので、登記がなくても所有権取得はできるのです。

Aの土地 → まず、Bに売却
　　　　 → Bが登記する前にCにも売却
Cが先に登記した場合はCが所有権を取得
Bが先に登記した場合はBが所有権を取得
→先に登記した者が所有権を取得

(4) 農地に住宅を建てるための農地転用の手続は終わっているか
　農地（耕作目的の田や畑）に住宅を建てるためには農地法に規定

する農地転用の手続が必要になります。自分の所有する農地に住宅を建てる場合のほか、他人が住宅を建てる目的で農地の所有権を移転する場合も、農地法に規定する許可や届出の手続が必要になります。農地法の規定する許可権者（農業委員会、知事など）の許可を得るのには、相当の期間（自治体により異なるが、1ヵ月半から4ヵ月程度）を要しますから、この手続は早めにする必要があります。

(5) 重要事項説明書の内容を理解したか

　敷地を入手する場合に、宅地建物取引業者に仲介（媒介）を依頼する場合も多いのですが、必ず「重要事項説明書」を受け取って内容を確認しておく必要があります。重要事項説明書には、その土地の法令上の建築規制も詳細に記載されていますし、図面その他の資料も添付されています。土地の境界も重要事項説明書に基づいて現地で説明を受けますが、境界が不明の場合は宅地建物取引業者または土地所有者から土地家屋調査士に依頼して詳細な測量図面を作成してもらう必要があります。測量図面の作成費用は一般に土地所有者が負担します。

　重要事項説明書に虚偽の記載があった場合は、作成した宅地建物取引主任者やその使用者である宅地建物取引業者の責任を追及することができますが、あくまでも事後の民事訴訟手続によることになりますから、そのようなことにならないように重要事項説明書の内容に疑問がある場合には、作成した宅地建物取引主任者に質問するほか、関係の役所にも確認する必要があります。

2　注文住宅と建売住宅の特徴

　住宅を手に入れるには、大別して、①注文住宅を建築する場合と、②建売住宅を購入する場合がありますが、それぞれ次のような特徴（長所と短所）があります。

(1)　注文住宅の場合の長所は、予算の範囲内で自分の思いどおりの場所に思いどおりの間取りや設備の住宅を作ることができますが、一

方、土地の取得、一級建築士への設計図面類や仕様書の作成依頼、構法の決定（在来木造軸組構法、鉄骨造り、鉄筋コンクリート造り、ツーバイフォー構法、その他の別）、施工業者との建築工事請負契約、工事監理者との工事監理契約などの一連の作業をしなければなりません。
(2)　建売住宅の場合の長所としては、土地の取得、建築設計から工事監理までの一連の作業が不要となりますが、短所としては、画一化されて個性的な思いどおりの間取りや設備は望めない、工事の過程が分からないので手抜き工事が発見できない、土地の地盤の性質が分からない、欠陥住宅をつかむ可能性が高いなどの短所があります。

3　注文住宅を建築する場合の主な作業

　注文住宅を建築する場合の主な作業には、次のようなものがあります。これらの作業の各段階でも事前調査が必要ですが、建築設計の依頼から完成までの作業の詳細について本書第2章で述べることとします。
(1)　注文者（建築主・施主）は、次のような建築計画を作成する
　　①　どんな住宅を建てるのか（在来木造軸組構法・鉄骨造り・鉄筋コンクリート造り・ツーバイフォー構法などの構法、間取りその他を決定する）
　　②　建築場所はどこにするか（交通の便、地盤その他の情報収集をして決定する）
　　③　いつごろ建築するか（建築着工時期と工期を決定する）
　　④　予算額（建築費、設計費用、工事監理費用、引越費用その他）はどうするか
　　⑤　建築資金その他の費用をどのように調達するか
(2)　設計図書（工事用図面類と仕様書）作成のための仕様書を作成する
　　①　建物の位置はどうするか（配置図の作成）
　　②　間取りをどうするか（平面図などの作成）
　　③　設備類をどうするか

(4) その他の設計図書作成に必要な情報は何か（工事・設備ごとの概算費用も出してもらう仕様書にします）
(3) 設計図書の作成をどの一級建築士に依頼するか
(4) 依頼した一級建築士と依頼するための仕様書の打合せをする
(5) 設計図書の作成業務委託契約を一級建築士と間で締結する
(6) 委託契約をした一級建築士と仕様書の詳細な打合せを繰り返す
(7) 一級建築士から設計図書の納品を受ける
(8) 工期（着工、竣工、引渡の期日）を決める
(9) 建築工事の予算を決定する
(10) 建築工事請負契約の入札（見積）参加業者を決定し入札（見積）を実施する
(11) 入札（見積）価格を検討し施工業者を決定する
(12) 施工業者との間で建築工事請負契約を締結する
（できれば、工事監理者も含めた3者間の契約とする）
(13) 工事監理者として一級建築士と工事監理契約を締結する
(14) 施工業者から工程表の提出を受ける（工期の着工・竣工・引渡などを確認する）
(15) 工事監理者から定期的および必要により随時に報告を受ける
(16) 中間検査と完了検査の報告を受ける
(17) 工事監理者とともに建物の引渡を受ける
(18) 支払い後、建物の表示登記と建物の所有権保存登記をする

4 一戸建て建売住宅を購入する場合の主な作業

一戸建て建売住宅を購入する場合の主な作業には、次のようなものがあります。
(1) 資金計画・立地条件の検討をする
(2) 現地で建売住宅の現物と設計図書のチェックをする（一級建築士に同行して貰う）
(3) 売主作成の売買契約書案を検討する

(4) 売主作成の売買契約書案に特約条項の挿入を検討する
(5) 売主と売買契約を締結する
(6) 支払い後、所有権移転登記をする

5　マンションを購入する場合の主な作業

マンションを購入する場合の主な作業には、次のようなものがあります。
(1) 資金計画・立地条件の検討をする
(2) モデルルームと設計図書のチェックをする（一級建築士に同行して貰う）
(3) 売主作成の売買契約書案を検討する
(4) マンション管理規約の内容を検討する
(5) 完成後のマンションの確認をする（一級建築士に同行して貰う）
(6) 売主と売買契約を締結する
(7) 支払い後、所有権移転登記をする

Q9 注文住宅と建売住宅では、欠陥の扱いが違いますか

1　住宅の品質確保の促進等に関する法律が適用される場合

　住宅の欠陥（瑕疵）の扱いは、新築の注文住宅や新築の建売住宅では「住宅の品質確保の促進等に関する法律」によって住宅の、①構造耐力上主要な部分の欠陥と、②雨水の浸入を防止する部分の欠陥については住宅の引渡時から10年間の瑕疵担保責任（欠陥の補修などをする責任）を請負人や売主が負うこととされていますが、その他の場合（上の①と②以外の欠陥）については民法の規定に従うこととされています。ただ、「住宅の品質確保の促進等に関する法律」の適用される新築の注文住宅や建売住宅は、平成12年4月1日以降に契約をした住宅に限られています。

2　住宅の品質確保の促進等に関する法律が適用されない場合

　「住宅の品質確保の促進等に関する法律」が適用されない場合の住宅の欠陥（瑕疵）については、民法の規定によって次のような責任を負うこととされています。
　(1)　請負契約による注文住宅の場合は、①木造住宅については引渡日から5年間担保責任（欠陥から生ずる責任）を負うこととされていますが、②石造り・煉瓦造り・土造り・金属造り・コンクリート造りの堅固な建物については10年間担保責任を負うこととしています（民法第638条第1項）。しかし、実際には、かつては瑕疵担保責任の期間を特約（請負人と注文者との間の契約）によって木造住宅については1年、それ以外の住宅について2年のように短縮している場合が多く見られました。

　　注文住宅の注文者は、請負人の負う瑕疵担保責任（欠陥から生ずる責任）の民法の規定によって次の請求（権利行使）をすることが

できます。ただし、権利行使のできる期間は、瑕疵によって滅失（壊れてなくなること）または毀損（壊れること）した時から1年内に行使する必要があります（民法第638条第2項）。

> ① 注文者は請負人に対し瑕疵修補（修繕）請求権を行使することができます（民法第634条第1項）。
> ② 注文者は請負人に対し損害賠償請求権を行使することができます（民法第634条第2項）。
> ③ 注文者は請負人に対し契約解除権を行使することができますが、住宅については条文上はできないとされています（民法第635条但し書）。

(2) 売買契約による建売住宅（マンションも含みます）の場合は、売主の瑕疵担保責任（欠陥から生ずる責任）の民法の規定によって売買の目的物（建売住宅）に「隠れた瑕疵」があるときは、買主は、その瑕疵の存在を知った時から1年内に、①隠れた瑕疵により売買契約をした目的を達することができない場合は売買契約を解除することができますが、②損害賠償請求をすることもできるとしています（民法第570条）。

「隠れた瑕疵」とは、買主が通常要求される程度の注意をしていても発見することのできない瑕疵（欠陥）をいいます。買主が瑕疵（欠陥）の存在を知らず、かつ、知らないことに過失のないことが必要です。

建売住宅の買主は、売主の瑕疵担保責任（欠陥から生ずる責任）の規定によって次の請求（権利行使）をすることができます。ただし、権利行使のできる期間は、瑕疵の存在を知った時から1年内に行使する必要があります（民法第570条）。

> ① 買主は、売主に対し、契約解除権を行使することができます（民法第570条）

> ② 買主は、売主に対し、損害賠償請求権を行使することができます（民法第570条）

　民法上は瑕疵の修補（修繕）請求権については明文の規定がなく解釈上の争いがあります。「住宅の品質確保の促進等に関する法律」が適用される建売住宅には、新たに瑕疵修補請求権が認められました（Ｑ９の３の(3)参照）。

3　住宅の品質確保の促進等に関する法律の内容

　「住宅の品質確保の促進等に関する法律」が適用される場合（平成12年４月１日以降に請負契約または売買契約を締結した一戸建て住宅やマンションの場合）には、住宅のうち基本構造部分である、①構造耐力上主要な部分の欠陥と、②雨水の浸入を防止する部分の欠陥については引き渡した日から10年間、請負人や売主が瑕疵担保責任を負うこととされています。10年間の期間は契約によって短縮することはできませんが、反対に契約によって20年以内の期間に伸長することはできます。

(1) 構造耐力上主要な部分とは、「住宅の品質確保の促進等に関する法律施行令」第６条によって次のように決められています。

> ① 住宅の基礎、基礎ぐい、壁、柱、小屋根、土台、斜材（筋交い、方づえ、火打材その他これらに類するもの）、床版、屋根版または横架材（はり、けたその他これらに類するもの）であって、
> ② その住宅の自重もしくは積載荷重、積雪、風圧、土圧もしくは水圧または地震その他の震動もしくは衝撃を支えるもの

(2) 雨水の浸入を防止する部分とは、「住宅の品質確保の促進等に関する法律施行令」第６条によって次のように決められています。

> ① 住宅の屋根もしくは外壁またはこれらの開口部に設ける戸、わくその他の建具
> ② 雨水を排除するため住宅に設ける排水管のうち、その住宅の屋根もしくは外壁の内部または屋内にある部分

(3) 「住宅の品質確保の促進等に関する法律」が適用される場合は、請負契約による注文住宅の場合も売買契約による建売住宅（マンションも含みます）の場合も、瑕疵担保責任を負う期間は10年とされていますが、注文者や買主が権利行使できる期間は次のようになります。

① 請負契約による注文住宅の場合は、木造住宅でもその他の場合（コンクリート造りなど）でも瑕疵担保責任の存続期間は住宅の引渡時から10年とされますが、瑕疵による滅失または毀損の時から1年以内に瑕疵修補（修繕）請求権や損害賠償請求権を行使する必要があります（住宅の品質確保の促進等に関する法律第87条）。

② 売買契約による建売住宅（マンションも含みます）の場合は、売主の瑕疵担保責任の存続期間は住宅の引渡時から10年とされますが、瑕疵の存在を知った時から1年以内に契約解除権・損害賠償請求権・瑕疵修補（修繕）請求権を行使することが必要です（住宅の品質確保の促進等に関する法律88条）。

(4) 「住宅の品質確保の促進等に関する法律」の瑕疵担保責任の特例の規定（住宅の基本構造部分の欠陥の瑕疵担保期間の10年の規定）に反する特約で注文者や買主（消費者側）に不利なものは無効とされます（住宅の品質確保の促進等に関する法律第87条第2項、第88条第2項）。

第 2 章●
注文住宅で欠陥住宅をつかまない
ためには、どうするのですか

Q10 注文住宅の建築設計の依頼は、どのようにするのですか

1　注文住宅の建築設計の依頼先

　注文住宅の建築設計の依頼は、一般に一級建築士に依頼しますが、建築士の専門分野は、①意匠（建物や間取りなどのデザイン関係）、②構造（建物の強度計算などによる建物の構造関係）、③設備（電気・水道・空調・排水その他の建物の設備関係）の３分野に分かれています。一級建築士に依頼する場合も、この３分野に精通している建築士を選ぶ必要があります。

　ただ、この３分野のすべてに精通している者は少数ですし、一級建築士の数は全国に30万人以上もいますが、大部分は建設会社や工務店に勤務していますし、ＮＴＴの職業別電話帳にも職業としての建築士は電話帳に載っていません。電話帳の職業欄で探す場合は、建築設計とか建築検査の項目から「一級建築士事務所」を探します。建築士の資格には、①一級建築士、②二級建築士、③木造建築士の３種類がありますが、必ず①一級建築士に依頼することにし、②二級建築士と、③木造建築士は避けることとします。建築設計上の欠陥があった場合は、後日、民事訴訟の被告とすることになりますから、友人や親戚の建築士には依頼しないのが無難です。

2　建築設計の依頼をする場合の仕様書

　一級建築士に注文住宅の建築設計の依頼をする場合は、どんな建物を建築したいのかを書いた書面（仕様書といいます）を持参するようにします。建築士に依頼する仕事は、設計図書（工事用図面と仕様書）の作成ですが、工事の種類（土工事、鉄筋工事、コンクリート工事その他）ごとの費用概算額も算出してもらいます。仕様書とは、建築材料などの品質・性能、施工方法、製品名などについての指示を文章や数値などで記載した文書をいいますが、建築士に渡す「建築設計の依頼のための仕様書」は専門的なこ

とは記載できませんから、最初は次に述べるような事項のうち分かるものだけを記載します。不明のものは建築士と相談しながら仕様書を確定して行きます。

> ① 建物の建築場所（住所のほか、住宅地図の写しを案内図として付ける）
> ② 土地の面積と地目（宅地、雑種地、山林、田、畑その他の別）
> ③ 建物の構造（在来木造軸組構法、ツーバイフォー構法、鉄骨造り、鉄筋コンクリート造り、その他の別）
> ④ 階数（平屋、2階建て、3階建て、その他の別）
> ⑤ 敷地の形状の分かる資料（登記所の公図その他の資料）
> ⑥ 敷地の中の建物の配置（大体の配置図）
> ⑦ 希望する各階の間取り平面図（平面図とは建物を水平面で切断し上から見た図面）
> ⑧ 希望する建物の外観の立面図（立面図とは建物を東西南北から見た外観の図面）
> ⑨ 希望する建物の内部の断面図（断面図とは建物を垂直面で切断し各室の天井高・床高・各階高などの分かる図面）

以上の⑥⑦⑧⑨の図面は建物全体の概要を示すもので一般図といいます。設計図書としては以上のほかに、建築士は次のような多種類の詳細な図面を作成します。

> (a) 矩計図（かなばかりず）（建物の外壁や窓などの各部分の屋上までの垂直断面詳細図で、天井高・床高・窓高・各階高・屋根勾配などの寸法や骨組みの材料・構法・寸法などの詳細図面）
> (b) 各部詳細図（階段、浴室、便所、戸棚などの各部の断面の詳細図面）
> (c) 伏図（ふせず）（建物の基礎部分・床・屋根と天井を構成する小屋など

の各構造の平面図）
- (d) 軸組図（壁の骨組みを立面図で示した図面）
- (e) 室内展開図（各室ごとに壁面の仕上がった状態を立面図で示した図面）
- (f) 仕上表（建物外部や室内の仕上げ材料、塗装の種類などを記載した表）
- (g) 建具表（戸などの個々の建具の形状・寸法・使用材料・塗装・付属金物などの一覧表）
- (h) 設備関係図面（給水・給湯・排水・衛生設備図、電気設備図、暖房冷房設備図、ガス設備図など）

⑩ 建築工事費予算額（建物本体工事、内装工事、設備工事の税込みの合計額）

　ほかに、土地取得費用、設計費用、工事監理費用、外構（塀など）費用、植樹造園費用、家具インテリア費用、登記費用、住宅ローン手続費用、引越費用、建て替えの場合の解体費用、税金（不動産取得税・固定資産税）などの費用が必要になります。

⑪ 希望する給排水衛生設備工事の内容（給水設備、排水設備、給湯設備、ガス設備、空調設備、換気設備、トイレその他の衛生器具設備など）

⑫ 希望する電気設備・照明設備工事の内容（電灯コンセント設備、照明設備など）

⑬ 希望する屋根の形状と材質

⑭ 希望する外壁の仕上げと材質

⑮ 希望する幅木（壁の最下部の床と交差する部分に取り付ける仕上げ材）の材質

⑯ 希望する軒天井（軒の下面の軒裏に張った天井）の仕上げ

⑰ 希望する鼻隠し（軒先の垂木の端を隠すための板）の仕上げ

⑱ 希望する各換気口の製品と仕上げ

⑲　希望する雨樋(あまどい)の製品と仕上げ
⑳　希望する駐車場の仕上げ
㉑　希望する玄関の仕上げ（床、幅木、壁、天井、天井高、枠材）
㉒　希望する廊下の仕上げ（床、幅木、壁、天井、天井高、枠材）
㉓　希望する和室の仕上げ（床、幅木、壁、天井、天井高、枠材）
㉔　希望する洋室の仕上げ（床、幅木、壁、天井、天井高、枠材）
㉕　希望する厨房の仕上げ（床、幅木、壁、天井、天井高、枠材）
㉖　希望する浴室の仕上げ（床、幅木、壁、天井、天井高、枠材）
㉗　希望する便所の仕上げ（床、幅木、壁、天井、天井高、枠材）
㉘　希望する倉庫の仕上げ（床、幅木、壁、天井、天井高、枠材）

　これらの仕様書のほかに、建築士は次の各工事についての詳細な仕様書を作成します。

(a)　仮設工事（仮囲い工事、仮設電気設備・給水設備工事など）
(b)　土工事（敷地整備、盛土、地ならしなどの土に関する工事）
(c)　地業(じぎょう)工事（基礎の下にほどこして地盤の支持力を増強する工事）
(d)　鉄筋工事（材質、溶接などの指定）
(e)　コンクリート工事（コンクリートの種類・材質・調合などの指定）
(f)　鉄骨工事（鋼材、鉄骨製造工場などの指定）
(g)　押出し成形セメント板（加熱した原料を加圧して型を通した製品）の工事
(h)　防水工事（種類、材料、漏水試験などの指定）
(i)　石工事（石材を施工する工事）
(j)　タイル工事（材料、施工方法などの指定）
(k)　木工事（木材の材質・寸法などの指定）
(l)　屋根工事・樋(とい)工事（材料、施工方法などの指定）

> (m) 金属工事（ステンレス、アルミニウムなどの表面処理その他の指定）
> (n) 左官工事（モルタル塗りの下地処理、床面の仕上げ処理その他の指定）
> (o) 建具工事（ガラス、アルミニウム製建具、建具金物などの指定）
> (p) 塗装工事（材料、施工方法などの指定）
> (q) 内装工事（床シート、石膏ボードその他の材料や施工方法の指定）
> (r) 電気設備工事（電灯コンセント工事その他の材料や施工方法の指定）
> (s) 給排水衛生設備工事（各設備の製品・材料や施工方法の指定）
> (t) その他の工事（カーテン、流し台、郵便受けその他の製品や施工方法の指定）

3　建築士に渡す「建築設計の依頼のための仕様書」の作り方

　以上の仕様について、注文者は、一般に最初から全部を仕様書に入れることは困難ですから、可能な範囲で仕様書を作成することにします。例えば、間取り平面図でも正確に書くことは困難ですから、市販の住宅雑誌や住宅図書の中から希望する間取りを選んで、その図面のコピーを添付することもできます。何らの情報もないと建築士は建築設計に着手することができませんから、希望する間取りや外観についての情報を渡すようにします。**この仕様書の作成時には付録1の「欠陥住宅をつかまないためのチェックリスト」を参考にします。**

　注文者は、通常、建築設計委託契約の完全な仕様書を建築士に渡すことはできませんから、一応の分かる範囲での仕様書を渡して、建築士と打合せのうえで不明の箇所を確定して行くようにします。ほぼ完全に仕様の内容が固まった後に建築士との間に建築設計業務委託契約を締結します。建築設計業務委託契約によって作成してもらうのは、①設計図書（工事用図

面類と工事用仕様書）と、②建築費の工事内容別の概算費用の計算書類です。

　建築設計業務委託契約書の書式は、建築士が定型的な書式を作成して持っていますが、独自に作成してもかまいません。しかし、実務上は、建築士から定型的な書式の用紙を事前にもらって契約内容を検討し不都合な部分について修正（追加、削除、変更）を加えて使用するのが便利です。独自に作成する場合には、自治体（都道府県や市町村）で使用している標準的な建築設計委託契約の約款（定型的な契約条項）が参考になります。

　実務上よく使用されている四会連合協定による建築設計業務委託契約書の書式は、一般に「建築設計・監理業務委託契約書」として「建築設計業務」と「工事監理業務」とを一括して委託する契約書の書式として作成されています。この場合の委託契約書は、契約書の一部として「建築設計・監理業務委託契約約款」を添付する書式になっています。四会連合とは、①社団法人日本建築士会連合会、②社団法人日本建築士事務所協会連合会、③社団法人日本建築家協会、④社団法人建築業協会のことをいいます。

　しかし、工事監理業務については、後述する通り、施工業者との間の建築工事請負契約に際して工事監理者の一級建築士も契約当事者として注文者・施工業者・工事監理者の三者間の契約にするのがよいと思われます（後述の日本弁護士連合会の「住宅建築工事請負契約約款」参照）。

4　建築設計業務委託契約の締結

　注文者（委託者）が建築士（受託者）と建築設計業務委託契約の締結をするに際して注意することは次の通りです。
(1)　建築士は、一般に四会連合協定による「建築設計業務委託契約書」とその契約書の一部とする「建築設計業務委託契約約款」の各書式を利用しようとしますから、それらの書式を使用する場合には、契約前に契約条項をよく読んで、追加・変更をする箇所がある場合には建築士と協議をして契約書や約款を修正する必要があります。例えば、「本契約書の一部として添付した約款の第〇条第2項、第〇条第

3項、第○条第4項の各規定は適用しない」とか、「本契約に基づく成果物は委託者が受託者の承諾なしに自由に使用することができる」のような契約条項の追加または変更をする場合があります。

(2) 委託者（注文者）が独自に「建築設計業務委託契約書」を作成する場合は、自治体の使用している標準的な書式を参考にして作成します。自治体の標準的な書式は各自治体から資料提供（情報提供）を受けられますが、資料提供が受けられない場合は情報公開条例による公開請求をして写しの交付を受けることとします。

(3) 建築設計業務委託契約の報酬は、設計図書のような成果物を委託者が受領した後に支払うこととします。報酬額は工事代金のおおむね5％〜6％程度が多くなっています。設計と監理をともに委託する場合は、おおむね工事代金の8％前後が多くなっています。

(4) 委託者は、受託者（建築士）に対して履行した成果物と引き換えに報酬を支払うことにより、いつでも委託契約を解約することができることとします。

(5) 委託者は、受託者（建築士）と契約をする前にその建築士の設計した建物を事前によく見ておくことが大切です。できれば、実際に住んでいる人の意見を聞いておきます。

(6) 自分の設計が現場でできるかどうかも分からない建築士もいますから、十分な経験を積んだ建築士を選ぶ必要があります。

(7) 建築設計上の瑕疵（欠陥）によって欠陥住宅が発生する場合も多いので、①意匠、②構造、③設備の3分野に精通した建築士を選ぶ必要があります。

Q11 注文住宅の建築工事請負業者は、どのようにして決めるのですか

1 注文住宅の建築工事請負業者の選定

　注文住宅の建築工事請負業者を決める場合には、①その建設業者の信用性と、②請負金額の妥当性の両面から検討する必要があります。

(1)　その建設業者の信用性については特に倒産の危険性の確認をすることと、既に建築している建物を見て居住者の意見を聞くのがベストですが、一般的に建設業者の選定に際して注意することは次の通りです。

> ①　建築工事中または建築工事後に倒産する危険性はないか
> ②　欠陥住宅となった場合に取り壊し建て替えの資力は十分にあるか
> ③　技術職員の数は十分にいるか
> ④　公共工事（建築工事）の実績が多数あるか
> ⑤　自治体から指名競争入札について指名停止の処分を受けたことはないか
> ⑥　建設業の経営事項審査の結果に問題はないか

　建設業者の選定について参考になるのは、自治体（都道府県や市町村）の公共工事の指名競争入札参加者名簿や各業者の経営事項審査（技術職員数、工事実績その他）の結果を見ると参考になります。これらの情報を各自治体のインターネットで公開している場合もありますが、公開していない場合は各自治体の情報公開条例によって公開請求をします。

　建設業を営む者は、28種類の専門分野ごとに国土交通大臣（営業

所が2県以上にある場合）または都道府県知事の建設業の許可を受けることとされています。例えば、大工工事、左官工事、石工事、屋根工事、電気工事、管工事、塗装工事、防水工事、建具工事、板金工事、電気通信工事、土木一式工事、建築一式工事などに分類されています。建築工事請負契約を個々の専門業者ごとに契約するのは手続が煩雑ですから、できれば設計図書の全部を施工できる業者（建築一式工事の許可を受けた者）と契約をします。

　ただ、請負契約はその契約の中で禁止しない限り下請け(したう)が許されますので、実際の工事では、電気通信工事などの専門分野は下請け業者が工事をします。請負金額を低く抑えるためには、例えば、建物本体工事、電気設備工事、給排水衛生設備工事のように3業者に分けて3業者と別々に請負契約をする場合もありますが、煩雑になりますから、一般には1業者と契約することになります。

(2)　請負金額の妥当性は、指定した複数の建設業者の見積書を専門の一級建築士に検討をしてもらいます。設計図書（工事用図面と仕様書）が同一ですから、単に金額だけを比較すればよいはずですが、全体の金額だけでは分からない施工上の問題がないかどうかも検討してもらう必要があります。請負業者の決定は、自治体の公共工事では、①一般競争入札（一定条件を満たす不特定多数の者が参加できる入札方法）、②指名競争入札（自治体の指名した業者のみが参加できる入札方法）が行われますが、個人の住宅の場合は、一般にその個人の指定した複数の業者から「見積書」を提出してもらってその内容を検討して請負業者を決定します。

2　建設業者からの見積書の徴収

　指定した業者（複数の建設会社や工務店）から見積書を提出してもらう場合は、設計図書（工事用図面と仕様書）の写しを渡して自治体の公共工事の見積書の場合と同様に各工事ごとの積算内訳書も併せて提出してもらいます。例えば、土工事、仮設工事、コンクリート工事、防水工事、塗装

工事、内装工事、外装工事、木工事、屋根工事、左官工事などの工事別の内訳書（土工事の場合なら、根切り、埋戻し、盛土、残土処分、砕石地業、床下防湿層敷などの各作業名・仕様・数量・単位・単価・金額の分かる内訳書）も提出してもらいます。各業者の見積額は、各業者が当然に内訳から積算をしているのですから、業者に特別の負担となることはありません。見積り依頼に際しては、特に書き方を指示する必要はなく、公共工事の場合に準じて作成してもらいます。公共工事の場合は、工事ごとの内訳書の用紙を自治体から各入札参加業者に渡していますから、書き方は業者が理解しています。ただ、厳密には、内訳書の項目を指定しないと業者間の比較が困難な場合があります。

　建築工事請負契約の相手方の選定に際しては、単に請負金額が安いというだけではなく業者の営業所の所在場所、工事実績・技術者数その他の経営事項審査の結果なども参考にして総合的に判断することが大切です。

Q12 注文住宅の建築工事請負契約書は、どのように作成するのですか

1　注文住宅の建築工事請負契約書の作成

　建築工事請負契約書を注文者が独自に作成することは困難ですから、日弁連（日本弁護士連合会）の公表している「建築請負契約書・住宅建築工事請負契約約款」ひな型や自治体の公共工事（建築工事）請負契約書と約款（定型的な契約条項）の契約条項を参考にして最低限必要な契約条項を確認しておくことが大切です。**一般に建設業者や工務店は、自分に都合のよい工事請負契約書の用紙を作っていますから、それらの用紙を安易に使用しないことが肝要です。**元来、契約に際して契約書案を提示する者は、自分に都合の良いように作成していますから、他人の作った契約書案には落とし穴が多いと考えるべきものです。法律的には契約の成立に契約書の作成は必要のないものですが、建築工事請負契約のような重要な契約には契約書の作成は必須のことなのです。契約書のチェックポイントは、裁判所で訴訟になった場合に自分の主張を裁判官に認めさせることができるかどうかという点に尽きます。つまり、良い契約書とは、自分の意思が契約書に完全に盛り込まれていて、訴訟になった場合に自分の意思を裁判官に認めさせることができるような契約内容になっていることが必要なのです。

　建設業者や工務店は、いわゆる四会連合協定の建物請負契約約款を使用したがる場合が多いのですが、四会連合とは、前述した通り、社団法人日本建築士会連合会・社団法人日本建築士事務所協会連合会・社団法人日本建築家協会・社団法人建築業協会の4団体をいいますから、いわば建物の生産者側の都合の良いように作成されているという欠点を持っています。

2　日本弁護士連合会の提案している契約書の書式

　日弁連（日本弁護士連合会）の提案している「建築請負契約書・住宅建

築工事請負契約約款」ひな型は、日弁連の次のホームページで見ることができます。ヤフーなどの検索に日弁連または日本弁護士連合会を入力して「法律相談」の項目から見ることもできます。

http://www.nichibenren.or.jp/ja/legal_aid/format/iedukuri_yakkan.html

　この日弁連の提案している建築請負契約書と約款は、生産者側と消費者側の両方の利益を調整した妥当な内容になっていますので、この契約書や約款による契約の締結を拒否するような建設業者には依頼しないことが大切です。

　日弁連の提案している建築請負契約書と約款（住宅建築工事請負契約約款）の特色は、次の通りです。

(1) 工事監理者の地位と責任を明確にして工事監理者を契約当事者としています。建築請負契約書ひな型は次のようになっています。

建築請負契約書

発注者＿＿＿＿＿＿＿＿＿＿＿＿＿＿＿＿＿＿＿＿＿＿＿＿＿＿
請負者＿＿＿＿＿＿＿＿＿＿＿＿＿＿＿＿＿＿＿＿＿＿＿＿＿＿
工事名＿＿＿＿＿＿＿＿＿＿＿＿＿＿＿＿＿＿＿＿＿＿＿＿＿＿

発注者と請負者とは、上記工事の施工について、次の条項と添付の請負代金内訳明細書、工事請負契約約款、設計図＿＿＿枚、仕様書＿＿＿冊とに基づいて工事請負契約を結ぶ。

　1　工事場所＿＿＿＿＿＿＿＿＿＿＿＿＿＿＿＿＿＿＿＿＿
　2　工期　　着手＿＿＿＿＿年＿＿＿月＿＿＿日
　　　　　　または、契約の日から＿＿＿＿＿日以内
　　　　　　完成＿＿＿＿＿年＿＿＿月＿＿＿日
　　　　　　または、着手の日から＿＿＿＿＿日以内
　3　引渡しの時期　　完成の日から＿＿＿＿＿日以内
　4　請負代金額　　金＿＿＿＿＿＿＿＿＿＿＿＿＿＿円

うち、工事価格＿＿＿＿＿＿＿＿＿＿＿＿＿＿＿＿＿円
　　　　取引に係る消費税及び地方消費税の額＿＿＿＿＿＿＿円
　５　請負代金の支払　契約成立時に＿＿＿＿＿＿＿＿＿＿円
　　　　　　　　　　完成引渡し時に＿＿＿＿＿＿＿＿＿＿円
　　　　　　　　　　引渡しから２ケ月後に＿＿＿＿＿＿＿円
　６　その他特記事項

この契約の証として本書３通を作り、当事者、保証人が記名押印して、当事者が各１通を保有する。
　＿＿年＿＿月＿＿日

　　　発注者　住所＿＿＿＿＿＿＿＿＿＿＿＿＿＿＿＿＿＿＿
　　　　　　　氏名＿＿＿＿＿＿＿＿＿＿＿＿＿＿＿＿＿（印）

　　　請負者　住所＿＿＿＿＿＿＿＿＿＿＿＿＿＿＿＿＿＿＿
　　　　　　　氏名＿＿＿＿＿＿＿＿＿＿＿＿＿＿＿＿＿（印）

　　　請負者保証人　住所＿＿＿＿＿＿＿＿＿＿＿＿＿＿＿＿
　　　　　　　　　　氏名＿＿＿＿＿＿＿＿＿＿＿＿＿（印）

上記請負工事について、添付の請負約款に基づき、監理者としての責任を負うため、ここに記名押印し、本書１通を保有する。
　＿＿年＿＿月＿＿日

　　　監理者　住所＿＿＿＿＿＿＿＿＿＿＿＿＿＿＿＿＿＿＿
　　　　　　　氏名＿＿＿＿＿＿＿＿＿＿＿＿＿＿＿＿＿（印）

(2) 約款（住宅建築工事請負契約約款）ひな型では、請負者は、その建築工事全部を一括して単一業者に下請けさせてはならないとしています。一括下請けでなくても、工事代金の50％以上に相当する工事を単一業者に下請けさせる場合は、それが必要である理由を付して発注者と監理者の書面による承諾が必要である旨を規定しています。

(3) 約款ひな型では、監理者は、工事を設計図書（工事用図面と仕様書）と照合し、それが設計図書の通りに施工されているか否かを確認する義務を負うと規定し、最低限の業務も規定しています。

(4) 約款ひな型では、瑕疵（欠陥）担保期間は、新築建物の構造耐力上主要な部分または雨水の浸入を防止する部分の瑕疵については、引渡時から10年間、その他の土地の工作物については5年間としています。ただ、請負者の故意または重大な過失による場合は、10年を15年に、5年を10年としています。

(5) 約款ひな型では、発注者が請負代金の支払を完了しない場合は、請負者は、支払遅滞額に対し年6分の割合による遅延損害金を請求できるとしています。また、請負者の責に帰すべき理由により契約期間内に引き渡すことができない場合は、発注者は、請負代金に対し年6分の割合による遅延損害金を請求することができるとしています。

3 契約書の原案の提示

一般に契約書の原案を提示する者は、自分に有利な契約書案を提示しますから、建築業者の提示する契約書案は、当然に建築業者に有利な契約書案になっています。市販されている「民間建設工事標準請負契約約款」用紙も、建築業者用ですから、建築業者に有利に作られています。建築業者から見ると前述した日弁連の公表している建築請負契約書と約款（住宅建築工事請負契約約款）は消費者側（注文者側）に有利な契約書案と見られます。どうしても日弁連の公表している建築請負契約書と約款の使用を認めず、「民間建設工事請負契約書・民間建設工事標準請負契約約款」用紙

を使用する場合には、少なくとも次の契約条項は変更をする必要があります。

(1) 新築建物に欠陥（瑕疵）があった場合の建築業者が負う瑕疵担保責任の期間について「民間建設工事標準請負契約約款」用紙には木造の場合は1年、石造・煉瓦（れんが）造・金属造・コンクリート造は2年と著しく短期間にしていますから、少なくとも民法に規定する木造は5年、石造・煉瓦（れんが）造・金属造・コンクリート造は10年とする必要があります。

　民法第638条第1項は、「建物その他の土地の工作物の請負人は、その工作物又は地盤の瑕疵について、引渡しの後5年間その担保の責任を負う。ただし、この期間は、石造、土造、れんが造、コンクリート造、金属造その他これらに類する構造の工作物については10年とする」と規定しています。

　ただ、「住宅の品質確保の促進等に関する法律」第87条によって、平成12年4月以降に請負契約をした新築住宅（売買契約により取得した新築住宅も同じ）のうち、政令で定める、①構造耐力上主要な部分と、②雨水の浸入を防止する部分の瑕疵については、注文者に引き渡した時から10年間、瑕疵担保責任を負うものと規定しています。この規定に反する契約で注文者に不利なものは無効とされます。

　住宅金融公庫の融資住宅について住宅金融公庫の監修した「工事請負契約書・工事請負契約約款」用紙を同公庫が販売していますが、この用紙にも「民間建設工事標準請負契約約款」用紙の場合と同様に瑕疵担保期間を木造1年、石造・コンクリート造などは2年としていますから注意が必要です。

(2) 「民間建設工事標準請負契約約款」用紙には、請負契約に関する紛争の解決は、建設業法による建設工事紛争審査会の斡旋または調停により解決を図る旨の規定がありますが、建設工事紛争審査会は本来は業者間の紛争を解決するための機関であり、消費者側の利益になりませんから、この条項は削除する必要があります。

住宅金融公庫の融資住宅について住宅金融公庫の監修した「工事請負契約書・工事請負契約約款」用紙にも、なぜか「仲裁合意書」用紙が添付されていますが、これに合意することは危険です。
(3)　新築住宅の引渡し直後に欠陥が発見された場合は、注文者は、請負残代金を支払わずに欠陥の補修などを求めますが、この場合に注文者に残代金の多額の遅延損害金（年率36.5％）を請求されていました。しかし、批判の高まりにより「民間建設工事標準請負契約約款」用紙でも平成12年4月から年14.6％に改定されました。住宅金融公庫の融資住宅について住宅金融公庫の監修した「工事請負契約書・工事請負契約約款」用紙でも年14.6％としています。日弁連の公表している建築請負契約約款では、年6％として注文者に特別の損害が生じた場合は別に賠償請求ができるものとしています。
(4)　「民間建設工事請負契約書・民間建設工事標準請負契約約款」用紙には、契約当事者を注文者と請負者のみとしていますが、日弁連の公表している「建築請負契約書・建築請負契約約款」では、工事監理者（一級建築士）も監理者としての責任を負うために契約書に記名押印をすることとしています。本来は、監理業務の契約は、注文者と監理者の間に締結されますが、監理業務の重要性から建築請負契約書に記名押印をすることとし、約款の中にも監理者の最低限の業務を規定します。
(5)　「民間建設工事請負契約書」には、注文者と請負者は、「この契約書、民間建設工事標準請負契約約款と添付の図面＿＿枚、仕様書＿＿冊とによって、工事請負契約を結ぶ」としていますが、日弁連の公表している「建築請負契約書」では、注文者と請負者とは、「次の条項と添付の請負代金内訳明細書、住宅建築工事請負契約約款、設計図＿＿枚、仕様書＿＿冊とに基づいて工事請負契約を結ぶ」として「請負代金内訳明細書」も契約書の一部として添付することとしています。

Q13 注文住宅の工事監理の依頼は、どのようにするのですか

1　注文住宅の工事監理の依頼

　注文住宅の工事監理の依頼は、その注文住宅の建築設計をした一級建築士に依頼するのが通常ですが、理想的には、設計・施工・工事監理の3つの業務を別々の業者と契約することです。ただ、費用の点から実際には、その注文住宅の建築設計をした一級建築士に依頼することが多いのです。

　設計・施工・工事監理の3つの業務を別々の業者と契約する意味は、国の機関を立法・行政・司法の3つに分けて権力の分散・抑制・均衡を図っている三権分立の考え方と同じで、設計・施工・工事監理の3つの業務を別々の業者と契約することにより、チェック・アンド・バランス機能が働き欠陥住宅の発生を防止するのです。設計・施工・工事監理の3つの業務を特定の1業者が行うと独断で工事が進められ、欠陥住宅が発生しやすくなるのです。

　建築業者の中には、設計・施工・工事監理の3つの業務を自分の会社に一任すると費用が安くなると言って、設計・施工・工事監理の3つの業務を自分の会社に一括発注することを勧める会社がありますが、前述した通り、一括発注には欠陥住宅の発生の危険があり避ける必要があります。

2　工事監理を依頼する場合の契約書

　建築設計を依頼した一級建築士に注文住宅の工事監理を依頼する場合は、一般に四会連合協定による「建築設計・監理業務委託契約書」(建築設計と監理業務の両方を委託する契約書) を使用する場合が多くなっています。四会連合の四会とは、前述の通り、①社団法人日本建築士会連合会、②社団法人日本建築士事務所協会連合会、③社団法人日本建築家協会、④社団法人建築業協会をいいます。

実際に四会連合協定による建築設計・監理業務委託契約書以外の契約書を作成しても相手方の一級建築士の同意がないと契約はできませんから、実務上、他の契約書の使用は困難です。ただ、工事監理業務委託契約の要点は、設計図書（工事用の図面と仕様書）の通りに工事が施工されたか否かを監理することですから、次の契約項目が入っているか否かを確認しておくことが大切です。

(1) 指定の建築物について設計図書（工事用の図面と仕様書）に従って施工されているか否かの工事監理業務を行うこと。

(2) 契約履行期間（平成〇年〇月〇日から平成〇年〇月〇日まで）

(3) 履行場所（建設場所）

(4) 監理業務委託代金額（契約金額）（おおむね工事代金の2%〜3%程度が多くなっています。設計と監理の両方を依頼する場合は、両方で、おおむね工事代金の8%前後が多くなっています）

(5) 監理業務委託代金の支払時期および支払方法

(6) 第三者への委任および下請けの禁止

(7) 設計者および施工者作成の工程表をもとにした監理業務工程表の提出

(8) 各工程ごとの監理業務（例えば、地盤調査、基礎工事、躯体工事、内装工事、外装工事）の成果報告書（写真つき）の提出

Q14 住宅性能表示制度とは、どんな制度ですか

1　住宅性能表示制度とは

　住宅性能表示制度とは、「住宅の品質確保の促進等に関する法律」によって平成12年10月にスタートした新制度で、新築住宅の取得予定者などで希望する者は、その住宅について「日本住宅性能表示基準」に基づいた評価を受けることができます。住宅性能表示制度は、あくまでも任意の制度で、これから住宅を取得しようとする者、住宅生産者、住宅販売者などの任意の選択により評価を受けることのできる制度です。欠陥住宅でないことを保証する制度ではありません。

　日本住宅性能表示基準として定められている性能項目は、次の通りです。

> (1)　構造の安定に関すること（耐震等級など）
> (2)　火災時の安全に関すること（耐火等級など）
> (3)　劣化の軽減に関すること（劣化対策等級など）
> (4)　維持管理への配慮に関すること（維持管理対策等級など）
> (5)　温熱環境に関すること（省エネルギー対策等級など）
> (6)　空気環境に関すること（ホルムアルデヒド放散等級など）
> (7)　光・視環境に関すること（単純開口率など）
> (8)　音環境に関すること（重量床衝撃音対策等級など）
> (9)　高齢者等への配慮に関すること（高齢者等配慮対策等級など）
> ((8)は選択項目で、その他は必須項目となっています)

2　住宅性能評価を受ける手続

　住宅性能表示制度によって住宅性能評価を受けようとする者は、次の手続をする必要があります。

(1) 住宅性能評価を受けようとする者は、客観的な評価を実施する第三者機関として指定されている「指定住宅性能評価機関」に、住宅性能評価を行って「住宅性能評価書」の交付をすることの申し込みをします。評価費用は住宅の種類や指定住宅性能評価機関によって異なりますが、おおむね10万円ないし20万円程度となっています。

　　各地の指定住宅性能評価機関の所在場所や電話番号は、各都道府県の住宅課または国土交通省住宅局住宅生産課（電話03-5253-8510)へ尋ねます。

(2) 住宅性能表示制度による性能評価の流れは、次のようになります。
   ① 設計図書の作成
   ② 設計図書の評価（指定住宅性能評価機関による評価）
   ③ 設計段階の住宅性能評価書の交付（指定住宅性能評価機関による交付）
   ④ 施工段階・完成段階の検査（指定住宅性能評価機関による検査）
   ⑤ 完成段階の住宅性能評価書の交付（指定住宅性能評価機関による交付）
   ⑥ 紛争が発生した場合は指定住宅紛争処理機関に申立

　　上記③⑤のように住宅性能評価書には、**(a)設計図書の段階の評価結果をまとめた設計住宅性能評価書**と**(b)施工段階と完成段階の検査を経た評価結果をまとめた建設住宅性能評価書**の2種類があります。住宅性能評価書に示された性能は、その住宅性能評価書の交付された時点のものであり、何年間も保証されるものではありません。

(3) 指定住宅性能評価機関が交付した住宅性能評価書やその写しを、新築住宅の建築請負契約書や建売住宅の売買契約書に添付した場合は、契約書に反対の意思を明示しない限り、住宅性能評価書の記載内容で契約したものとみなされます（住宅の品質確保の促進等に関する法律第6条）。

　　指定住宅性能評価機関が交付した住宅性能評価書は、次のように契約に活かせます。

① 注文住宅の場合は、設計が終わった段階で設計住宅性能評価書の内容を建築請負契約に反映させることができますし、完成段階の建設住宅性能評価書の内容と比較することもできます。完成前の分譲住宅の場合も同様です。

② 建売住宅の場合は、完成段階の建設住宅性能評価書の内容を売買契約に反映させることができます。

(4) 完成段階の建設住宅性能評価書が交付された住宅については、指定住宅紛争処理機関（各地の弁護士会事務局に置かれている）に紛争処理を申請することができます。指定住宅紛争処理機関は、裁判によらずに住宅の紛争を円滑・迅速に処理するために設けられた機関です。建設住宅性能評価書が交付された住宅の紛争であれば、評価書の内容だけでなく、建築請負契約や売買契約に関する当事者間のすべての紛争の処理（斡旋、調停、仲裁など）を取り扱います。紛争処理の手数料は1事件当たり1万円となっています。しかし、指定住宅紛争処理機関の紛争処理では解決しない場合は、最終的には裁判所に訴えを提起することになります。

Q15 注文住宅の発注から完成までに注意することは、どんなことですか

1 住宅建築場所の地盤調査は必ず行うこと

(1) 新築住宅の建築のために新たに土地を取得する場合のほか、既に建築用地を取得している場合にも、必ず地盤調査を行う必要があります。頑丈な住宅を建てたとしても、地盤が軟弱な場合には建物が不揃いに沈下する「不同沈下」が発生すると住宅が傾いたり壁に亀裂が入ったり建具の開閉ができなくなります。

(2) 昔から地名に「池・沼・谷・水・沢」などの文字のつく土地は軟弱地盤が多いと言われていますが、これらの土地でも地盤調査を実施して地盤強度に合わせた地盤の改良工事をしたり基礎を補強したりした場合は安定した地盤に改良することができます。特に、山の斜面を掘削して宅地造成をした場合は、盛土（土地に土を盛り上げること）の部分が崩壊する場合がありますから、地盤調査をして改良工事や基礎補強をしておく必要があります。

2 新築住宅の「設計・施工・工事監理」の3業務は別の業者に依頼すること

(1) 「設計・施工・工事監理」の3業務を同一の業者に依頼すると欠陥住宅の発生の可能性が大きくなります。前述した通り、「設計・施工・工事監理」の3業務を別の業者に依頼する理由は、国の機関を立法・行政・司法の3つに分けて権力の分散・抑制・均衡を図っている三権分立の考え方と同じで、チェック・アンド・バランス機能が働き欠陥住宅の発生を防止することにあります。

(2) もし仮に、別の業者に依頼することができない場合でも、少なくとも「施工」とその他の業務は別の業者にする必要があります。少

なくとも「施工」と「設計・工事監理」に分けるのです。

3 新築住宅の建築請負契約書書式は施工業者作成のものをそのまま使用しないこと

(1) 施工業者作成の建築請負契約書書式は、その施工業者に有利な内容になっていますから、Q 12で述べた通り、日本弁護士連合会の発表しているモデル約款を参考にして必要な条項を追加し変更をします。日本弁護士連合会の発表しているモデル約款の条項について施工業者がその追加や変更に応じない場合は、契約をしないのが無難です。

(2) 新築住宅の建築請負契約書書式で特に注意する点は次の通りです。
　① 工事監理者を契約の当事者として参加させること（Q 12の例文では「上記請負工事について、添付の請負約款に基づき監理者としての責任を負うため、ここに記名押印し本書1通を保有する」としています）
　② 工事監理者の業務の範囲や責任を明確に規定すること
　③ 工事の施工の一括下請（工事の丸投げ）を禁止すること（下請業者を使う場合は報告を義務付けること）
　④ 主任技術者（現場監督）の氏名や各種工程の報告を義務付けること
　⑤ 工事の過程で発生する材料の変更、施工方法の変更、設計の追加その他の追加や変更が発生した場合の手続を規定すること
　⑥ 最終の請負代金の支払いを留保して欠陥の補修を求めている間の遅延利息（遅延損害金）を市販の施工業者に有利な暴利を定めた利率を年6％にすること
　⑦ 瑕疵担保責任（欠陥が発見された場合の施工業者の責任）の期間を10年ないし15年とすること
　⑧ 紛争解決方法として建設工事紛争審査会による仲裁を定めている場合は削除すること（消費者側に不利であるので）

Q 15──注文住宅の発注から完成までに注意することは、どんなことですか

⑨　請負工事は、建築工事請負契約書、工事請負契約約款、請負代金内訳明細書、設計図書（工事用の図面と仕様書）によるほか、これに定めていない仕様は住宅金融公庫の住宅金融公庫共通仕様書に定める技術基準によることを明記すること

4　一級建築士の工事監理者に監理業務の計画表と報告書を提出してもらうこと

(1)　工事監理者は一級建築士の中から選びますが、建築士の専門分野は、①意匠（建物や間取りなどのデザイン関係）、②構造（建物の強度計算などによる建物の構造関係）、③設備（電気・水道・空調・排水その他の建物の設備関係）の3分野に分かれていますので、理想的には3分野の全部に精通している者を選びます。しかし、そのような者が見つからない場合は、1級建築施工管理技士（一級建築士に多い）を選びます。

(2)　工事監理者には設計図書（工事用の図面と仕様書）と施工業者から提出された工程表にもとづいて監理業務の計画書（工程表）を提出してもらいます。その計画表にもとづいて実施した監理業務の報告書も提出してもらいます。これらの事項は、工事監理業務の契約書に明記しておく必要があります。

5　やり直しのきかない基礎工事は厳重にチェックすること

(1)　基礎工事とは、建物の一番下にあるコンクリートの部分で、建物が建ってしまうと見えなくなる部分であるため施工業者が手抜き工事をしやすい部分です。しかし、基礎部分は、建物を地盤に固定させる部分で最も重要な工事の一つです。

(2)　チェックは工事監理者が行いますが、仕様書に記載できない細部の工法（例えば、鉄筋が型枠に対して垂直になっているか）の確認も行われます。基礎工事のチェックの要点は、①鉄筋と鉄筋との間隔は設計図書の通りになっているか、②四隅（コーナー）の部分の

鉄筋に二重鉄筋とする補強がされているか、③アンカーボルト（柱などを基礎に固定するため基礎のコンクリートに埋め込んでいるボルト）の本数は設計図書の通りか、④鉄筋は型枠に対して垂直になっているか、⑤コンクリートの表面はボロボロになっていないか（豆板といわれる砂利が現われて空洞の状態になっていないか）などを中心にチェックをします。

6　躯体工事（建物の主要構造部をつくる工事）を厳重にチェックすること

(1)　軀体（くたい）とは、建築物の主要構造部分（例えば、柱、梁、壁、屋根、階段）をいいますが、工法によってチェックする箇所が異なります。

(2)　軀体工事のチェックは工事監理者が行いますが、例えば、①柱や梁の材料の種類や寸法は仕様書の通りになっているか、②土台（木造建築物の柱の脚部を固定するコンクリート基礎の上の水平材）や柱の防腐対策や白蟻対策をとっているか（少なくとも地上1メートルまでの部分の全部に薬剤処理をしているか）、③筋交い（柱や梁で作った四辺形の骨組みに斜めにいれる部材）の位置は仕様書の通りになっているかなどを確認します。

　　軀体工事のチェックに際しては、工事監理者とともに注文者も同行して貰って説明を受けることとします。

7　内装工事や外装工事は仕様書の通りかを厳重にチェックすること

(1)　内装工事とは、建物内の天井、壁、床などの仕上げの工事をいいます。外装工事とは、建物の外部に面する外壁、屋根、窓などの仕上げの工事をいいます。外装工事に手抜き工事がなされた場合は、雨漏りの原因となります。

(2)　内装工事や外装工事のチェックは工事監理者が行いますが、例えば、①天窓（てんまど）（屋根に付けた窓）を設けた場合は、雨漏りの原因となることが多いので、天窓メーカーの指定した設置方法により設置して

いるか、②窓サッシ（窓枠の建具部材）の開口部の防水処理に不備はないか（防水テープや防水紙の工事に不備はないか）、③断熱材の工事は床、壁、天井裏まで建物全体を覆うように施工されているか（断熱材の入れ方に隙間はないか、必要な箇所に入れていない箇所はないか）などを確認します。

8　竣工後の建物の引渡時の最後のチェックは厳重にすること

(1)　竣工後の建物の引渡時の最後のチェックも工事監理者が行いますが、注文者も必ず立ち会って細部まで点検する必要があります。仕様書の通りに施工されていない施工不良箇所、材料の手抜きその他の欠陥を発見した場合は、適切な補修がなされるまでは引渡しを受けてはなりません。もし工事監理者を依頼していない場合には、第三者である国土交通省の指定する住宅性能評価機関を利用して検査を依頼することもできます。住宅性能評価機関の所在場所や電話番号は、各都道府県の住宅課その他の住宅担当課に電話で照会します。

(2)　竣工後の建物の引渡時に素人でもチェックすることができる項目の例には次のようなものがあります。

①　建物が傾いていないかを建物内の各部屋の床にビー玉を置いて転がるかどうかを点検します。ビー玉が転がる場合は、地盤の不同沈下や建物の構造・施工に問題があることが疑われます。

②　建具（例えば、ふすま、障子、戸）の開閉がスムースがどうかを点検します。開閉がスムースでない場合は、建物の歪みその他の欠陥があります。

③　各部屋の床にきしみがないかどうかを確認します。ギシギシなる場所には施工不良や材料の手抜きが疑われます。

④　開口部（窓、出入り口など採光、通風、換気、人や物の出入りに使用する箇所）の位置や大きさが設計図書の通りになっているかを確認します。

⑤　電気のスイッチやコンセントの位置が設計図書（図面と仕様書）

の通りになっているかを確認します。
⑥　建物に使用している材料が設計図書の通りになっているかを確認します。
⑦　電気、ガス、水道その他の設備は設計図書の通りになっているかを確認します。

9　建築業者に住宅保証機構の住宅性能保証制度の業者登録と住宅登録をして貰うこと

(1)　建物の完成後に欠陥箇所が発見されても建築業者が倒産した場合には修繕を求めることもできませんから、建築業者に財団法人住宅保証機構（電話 03-3584-5748）の住宅性能保証制度の業者登録と住宅登録をしておいて貰う必要があります。

(2)　建築業者に住宅性能保証制度の業者登録や住宅登録をしておいて貰うと建築業者が倒産した場合でも一定金額内の保証が受けられます。各登録費用は業者が支払います。

第3章●
建売住宅で欠陥住宅をつかまないためには、どうするのですか

Q16 建売住宅の売買契約は、どのようにするのですか

1 建売住宅の危険性

(1) 建売住宅（マンションも含みます）を買おうとする人には完成品が見られるので安心だと思っている人がいますが、第2章で説明した注文住宅の場合とは異なり、自分の依頼した工事監理者もいませんし、隠れた構造部分の確認もできませんから、一般的に言って建売住宅を購入することは大きな危険性を伴うものです。マンションについては第4章も参照してください。

(2) 建売住宅は土地と住宅が一体的に売買されるために、買主の関心は土地の立地条件のほうに向いていて、建物の基本構造部分に無関心の人が多いのです。しかし、住宅は、本来、地盤、基礎工事、土台、柱、耐力壁などの基本構造部分が最も重要なものですが、建売住宅では、これらの基本構造部分が隠れてしまって購入者が確認することができないのです。購入者も仕上げのような外観に気を取られて基本構造部分を確認することを怠る場合が多いのです。

(3) 建売住宅の売主も、低コストで売りやすいものを作りますから、住宅の品質や性能を落としている場合が多いのです。いわゆる欠陥住宅として、雨漏り、漏水、床の傾き、建物がゆれる、壁のひび割れなどのトラブルが発生するのは、ほとんどが建売住宅なのです。建売住宅を買おうとする人は、これらのトラブルの発生を覚悟して購入するしかありません。

(4) 建売住宅を買う場合は、一般に完成品を買いますから現状有姿（現状のあるがままの姿）で売買をすることになります。従って、購入後に仕上げが気に入らないとか、設備が気に入らないとかの理由によって契約を解除することはできませんから、設計図書（設計図面、

工事仕様書、工事費見積書)、建築確認申請書類、中間検査・完了検査その他の書類を十分に確認するとともに一級建築士にそれらの書類や建物をチェックして貰う必要があります。
(5) 建売住宅として売り出しているのに未完成の建物を売っている場合がありますが、この場合には、土地については売買契約、建物については請負契約にします。この条件では売らないという業者は欠陥住宅を作る危険性があります。建物について請負契約を締結する場合は、第2章の注文住宅で述べたのと同様の方法によって一級建築士による設計図書(設計図面、工事仕様書、工事費見積書)の確認を受けるとともに工事監理を依頼することにします。工事監理は完成までに重要工程について少なくとも4回程度のチェックをして貰います。4回の監理業務の場合は1回7万円程度とすると28万円程度の金額となります。

2 建売住宅の購入計画

(1) 注文住宅の場合も同様ですが、次のような購入計画を立てる必要があります。
① どんな場所に住みたいのか(交通の便、幼稚園・学校・病院・スーパーマーケット・公共施設との間の距離、自然環境、地域の発展性その他を考慮します)
② 将来の生活設計はどうしたいのか
③ 予算(費用)は、どれだけかけられるのか(必要な予算は、購入費用のほかに登記費用、火災保険料、ローン保証保険料、収入印紙代、引越費用、不動産取得税その他の税金、仲介業者の媒介手数料、照明器具、カーテン、家具の買い換えその他の費用も厳格に積算しておく必要があります)
④ 一戸建て住宅かマンションか、建売住宅か注文住宅か、新築か中古か、全体の面積はどうするか、部屋数や間取りはどうするか、収納場所の数や位置はどうするか

⑤　家族の意見は十分に聞いたか

⑥　生活様式は、いす式か座式か

⑦　台所、浴槽、便所、給湯設備、冷暖房設備その他の設備は、どうするか

⑧　将来の増築を予定するのか

⑨　どのようなローンを使うか（どれだけの返済が可能か）

(2)　住宅の購入を計画するに際しては、多くの情報を各方面から収集する必要があります。不動産の情報は、新聞広告、折り込みチラシ、住宅情報誌、宅地建物取引業者、不動産販売会社、住宅建設工務店、インターネット、銀行その他の金融機関などから収集することができますが、その情報が信用することができるものか冷静に確認する必要があります。例えば、他より安い住宅には、必ず安いなりの原因があり、欠陥住宅をつかまされることになりますから注意が必要です。世間にはウマイ話はないということです。

3　宅地建物取引業者に仲介を依頼する場合

(1)　建売住宅を購入する場合は自分で探す場合もありますが、一般に宅地建物取引業者に売買の仲介（媒介といいます）を依頼することになります。宅地建物取引業者とは、①宅地や建物の売買や交換、②宅地や建物の売買・交換・賃借の代理、③宅地や建物の売買・交換・賃借の媒介（仲介）の各行為を業として行う者をいいます。宅地建物取引業者の中には手付金を持ち逃げしたりする悪徳業者もいますので、そのような場合に備えて宅地建物取引業保証協会その他の指定保証機関が一定額の保証をする制度になっています。

　　宅地建物取引業者には、①二つ以上の都道府県に事務所を置いて営業をする国土交通大臣免許を得ている者と、②一つの都道府県のみに事務所を置いて営業をする都道府県知事免許を得ている者とがあります。依頼したい宅地建物取引業者の免許証番号、過去の営業成績、商号・代表者名・役員名・事務所所在地、専任の取引主任者、

資産状況（資本金など）については都道府県の宅地建物取引業者担当課に備付けている宅地建物取引業者の名簿を閲覧すると分かりますが、悪徳業者かどうかは分かりません。従って、宅地建物取引業者を選ぶ場合には、規模の大きい（従業員数、過去の営業成績、資本金の大きい）会社を選ぶのが無難です。しかし、宅地建物取引業者の作成する「重要事項説明書」には虚偽の記載もあるので、慎重に確認する必要があります。

(2) 宅地建物取引業者に仲介（媒介）を依頼する場合は、宅地建物取引業者との間に、通常、①一般媒介契約を締結しますが、②専任媒介契約を締結する場合もあります。専任媒介契約とは、依頼者が他の宅地建物取引業者に重ねて売買や交換の媒介や代理を依頼することを禁ずる契約で、その有効期間は3ヵ月を超えることはできないとされ、これより長い期間を定めた場合はその期間は3ヵ月とされます。一般媒介契約では、依頼者が他の宅地建物取引業者に重ねて売買や交換の媒介や代理を依頼することができます。

　宅地建物取引業者の媒介（仲介）報酬は、その媒介（仲介）によって契約が成立した場合にのみ報酬を請求することができるとされています。宅地建物取引業者は、媒介が成功した場合に限り成功報酬を請求することができることから、一般に宅地建物取引業者に媒介を依頼する場合は、数社ないし十数社に依頼することとします。

4　重要事項説明書の確認

(1) 重要事項説明書とは、宅地建物取引業者の宅地建物取引主任者（資格試験に合格した後、都道府県知事の登録を受けた者）が宅地や建物の売買・交換・賃借の媒介（仲介）を行う際に契約当事者となる者に対して宅地や建物の一定の重要な事項を説明するために作成する必要のある書面をいいます。宅地建物取引業者は、宅地建物取引主任者をして重要事項説明書を契約当事者となる者に交付して重要事項について各当事者に説明させる必要があります。

(2) 宅地建物取引業者の宅地建物取引主任者の故意または過失により必要な調査を怠るなどして契約当事者に損害を加えた場合は、契約不履行責任（債務不履行責任）または不法行為責任（宅地建物取引主任者本人の不法行為責任と雇用主の使用者責任）を追及することができますが、不動産取引では賠償額が多額となりますから、宅地建物取引業者や宅地建物取引主任者から損害賠償を受けられない場合もありますから、そのような事態が発生しないように重要事項説明書の内容を十分に確認する必要があります。

5　重要事項説明書の主な内容

(1) 重要事項説明書の様式は、宅地建物取引業者によって多少異なりますが、建売住宅（土地と建物）の場合では、その説明内容は、おおむね次の(2)以下のようになっています。ただ、重要事項説明書の行政法規（例えば、都市計画法、建築基準法）の内容が分かりにくい場合があり、宅地建物取引主任者が間違ったことを記載する場合もありますから、重要事項説明書の内容は納得の行くまで説明を受けるとともに行政法規に関しては自治体の担当課に照会する必要があります。また、売主が間違ったことを宅地建物取引主任者に伝えることもありますから、重要事項説明書の内容が信用できるかどうかを十分に確認する必要があります。**重要事項説明を受けることと売買契約の締結とは無関係ですから、重要事項説明を受けても契約する必要はありません。**

(2) 売主（譲渡人）側と買主（譲受人）側の宅地建物取引業者の表示
　① 商号または名称、代表者の氏名、主たる事務所の所在地、電話番号
　② 免許証番号、免許有効期限

(3) 売主側と買主側の各説明をする宅地建物取引主任者の表示
　① 氏名、押印
　② 登録番号

Q 16 ──建売住宅の売買契約は、どのようにするのですか　89

③　業務に従事する事務所名、事務所所在地、電話番号
(4)　取引の態様
　　　①　売買・交換の別
　　　②　当事者・媒介・代理の別
(5)　供託所等に関する説明
　（例）宅地建物取引業保証協会の名称及び所在地：社団法人全国宅地建物取引業保証協会（東京都千代田区岩本町二丁目6番3号）
　　　所属地方本部の名称及び所在地：社団法人全国宅地建物取引業保証協会〇県本部（〇県〇市〇町〇丁目〇番〇号）
　　　弁済業務保証金の供託所及び所在地：東京法務局（東京都千代田区九段南一丁目1番15号）
(6)　売主の表示（氏名および住所）
(7)　土地の表示
　　　①　所在、地番、登記簿の地目と現況の地目、登記簿面積、実測面積、権利の種類（所有権・地上権・賃借権の別）
　　　②　確定測量図（隣地所有者の立会承諾印を得たもの）・現況測量図（立会承諾印を得ていないもの）の有無
(8)　建物の表示
　　　①　所在地（例えば、〇県〇市〇町〇丁目12番地34）
　　　②　住居表示（例えば、〇県〇市〇町〇丁目〇番〇号）
　　　③　家屋番号（例えば、12番34）
　　　④　種類（例えば、居宅）
　　　⑤　構造（例えば、木造瓦葺き2階建）
　　　⑥　床面積（例えば、1階265.67㎡、2階98.08㎡、延床面積363.75㎡）
　　　⑦　建築年月（例えば、平成17年12月新築）
(9)　対象となる宅地または建物に直接関係する事項
　　　①　登記簿に記載された事項（平成〇年〇月〇日現在）
　　　　（a）土地　甲区（所有権に係る権利に関する事項）の名義人の氏名と住所

　　　　　　乙区（所有権以外の権利に関する事項）の記載事項（例えば、抵当権の設定のある場合は、抵当権者・債務者・債権額・共同担保目録）
　　　(b)　建物　甲区（所有権に係る権利に関する事項）の名義人の氏名と住所
　　　　　　乙区（所有権以外の権利に関する事項）の記載事項（例えば、抵当権の設定のある場合は、抵当権者・債務者・債権額・共同担保目録）
　②　第三者による占有に関する事項
　　　占有者（例えば、借地人、借家人）の氏名・住所・占有する権利の種類
⑽　都市計画法、建築基準法などの行政法規に基づく制限の概要
　　行政法規による制限の内容は複雑ですから、自治体（都道府県や市町村）の都市計画課、、建築確認担当課その他の担当部課の職員に確認します。
　①　都市計画法に基づく制限（市街化区域、市街化調整区域、非線引区域、準都市計画区域、都市計画区域外の別）
　②　建築基準法に基づく制限
　　　(a)　第一種低層住居専用地域、第二種低層住居専用地域などの用途地域の別
　　　(b)　建ぺい率の制限（建築面積の限度）
　　　(c)　容積率の制限（延建築面積の制限）
　　　(d)　建物の高さの制限
　　　(e)　その他の制限
　③　敷地と道路との関係による制限
　　　(a)　敷地の接道義務（建物の敷地は原則として４ｍ以上の建築基準法に定める道路に２ｍ以上接していることが必要です）
　　　(b)　接道の状況（例えば、公道私道の別、道路の種類、幅員）
　　　(c)　敷地と道路との関係図面

④　その他の法令に基づく制限（例えば、古都保存法、宅地造成等規制法、農地法、道路法、都市再開発法、文化財保護法、自然公園法、河川法、海岸法などの制限）
(11)　私道の負担に関する事項（例えば、負担の有無、負担金）
(12)　飲用水、電気、ガスの供給施設および排水施設の整備状況
　①　飲用水（公営・私営・井戸の別）
　②　電気（電力会社名）
　③　ガス（都市ガス・プロパンガスの別、集中方式・個別方式の別）
　④　汚水（公共下水道・浄化槽・くみ取り式の別）
　⑤　雑排水（公共下水道・浄化槽・その他の別）
　⑥　雨水（公共下水道・側溝・その他の別）
　⑦　配管等の整備状況の図面
(13)　宅地建物の所在場所は土砂災害防止対策推進法の土砂災害警戒区域内か否か
(14)　指定住宅性能評価機関の住宅性能評価書の交付を受けた新築住宅か否か
(15)　取引条件に関する事項
　①　売買代金（土地価格・建物価格）・交換差金・地代に関する事項
　②　売買代金・交換差金以外に授受される金額（例えば、解約手付金（契約成立時に売買代金の一部に充当する）、固定資産税精算金）
　③　契約の解除に関する事項（一般に売買契約書案が添付されます）
　　(a)　手付解除（買主は手付金を放棄し、売主は倍額を支払って解除する場合）
　　(b)　引渡前の滅失・毀損等による解除（天災地変その他の場合）
　　(c)　契約違反による解除
　　(d)　融資利用の特約による解除（住宅ローンの利用ができなかった場合の解除）
　　(e)　瑕疵（欠陥）担保責任による解除（欠陥により解除できる場合）
　　(f)　その他の解除の条件

⒃　契約違反による損害賠償額の予定または違約金に関する事項
⒄　手付金等の保全措置の概要（宅地建物取引業者が自ら売主となる場合）
⒅　金銭の貸借に関する事項（例えば、金融機関名、金額、金利、借入期間）

　住宅ローンその他の金員を借りられない場合は「融資利用の特約による解除」の条項により契約を解除します。
⒆　添付書類の表題と通数（例えば、土地登記簿謄本、建物登記簿謄本、公図写し、付近見取図、建物平面図、売買契約書案）
⒇　重要事項説明書の末尾に、①売主（譲渡人）は「重要事項説明の内容を確認しました。平成〇年〇月〇日、住所・氏名」を記載して押印をします。②買主（譲受人）は「頭書記載の宅地建物取引主任者から宅地建物取引主任者証の提示があり、重要事項説明書を受領し、以上の重要事項について説明を受けました。平成〇年〇月〇日、住所・氏名」を記載して押印をします。

6　土地・建物の売買契約に際して注意すること

⑴　重要事項説明書の添付書類として、売主（譲渡人）の作成した売買契約書案が添付されている場合がありますが、一般的に作成者に都合のよい内容になっていますから、本書によって売主の作成した契約書案の内容を十分に確認する必要があります。契約書を作る最大の目的は、民事訴訟になった場合に自分の主張を裁判所に認めさせる証拠（書証といいます）とすることにありますから、裁判官に自分の主張を認めさせることができるかどうかを判断基準にして各契約条項を確認する必要があります。
⑵　契約は、法律的には売主と買主とが対等の立場で自由な意思によって契約をすることとされていますが、実際の契約実務では、力関係によって一方に有利な契約が締結されます。例えば、買主が多くいる場合は、売主は譲歩をせずに自分に有利な契約条件を買主に提

示します。買主は買うかどうかの選択の自由は有しますが、どうしても買いたい場合は売主の言う条件で買うことになります。従って、法律的には、次のような「契約自由の原則」が採られていますが、実際には①を除いて自由な意思により契約を締結することはできないとも言えます。

① 契約を締結するかどうかについての締結の自由

② 誰と契約を締結するかについての相手方選択の自由

③ どのような内容で契約をするかについての内容の自由

④ どのような形式で契約をするかについての方式の自由

(3) 契約の締結（契約書の調印）に際して注意する主な事項は次の通りです。

① 契約書の押印（契約印）は契約書の内容を十分に理解した後に必ず自分で押印をします。相手方や宅地建物取引業者が「印鑑を貸してください」といっても貸してはなりません。相手方が自治体の公務員の場合も同様です。公務員に印鑑を渡したために勝手に他の書類に押印されて長年にわたる民事訴訟でも敗訴した例もありますから、印鑑を他人に預けることは「命預けます」というほどの重大な意味を持ちますから、他人に押印を依頼してはなりません。

② 契約交渉の中で口約束をする場合がありますが、口約束でも法律的には契約となりますから、口約束をせずに必ず書面にしておきます。相手方から貰う書面は何でも証拠となりますから、書面で貰うことが肝要です。これに対して、相手方に出す書面は出した事実を証拠として残したい場合は「内容証明郵便」によりますが、内容証明郵便でなくても受け取った者はその書面を証拠とできますので、相手方に出す書面は、どんなものでも慎重に作成する必要があります。契約交渉の中で作成された合意書面（例えば、覚書、念書、確認書）の扱いについては、契約書の中で「本契約調印日以前に契約当事者間において取り交わされた本契約に関連する覚

書、念書、確認書その他の一切の合意文書は、本契約の解釈に関しては存在しないものとみなす」といった完全合意条項を入れる場合があります。口頭の合意も含めて「本契約調印前に契約当事者間でなされた口頭または書面による合意は、それが本契約の内容と相違するものである限り、すべてなされなかったものとみなす」といった完全合意条項を入れる場合もあります。

③　契約書の契約当事者の住所・氏名は必ず本人が署名し本人が押印をします。相手方の場合も同様ですが、売主が法人の場合はゴム印で表示する場合もありますので、押印した印鑑の印鑑証明書を添付して貰います。署名と押印に代えて、署名だけの場合や押印を拇印とした場合も、本人の真意が証明された場合は有効となりますが、紛争を生じる可能性が大きいので、本人が署名をし押印をするようにします。買主の押印は実印（市町村に登録した印鑑）でなくても認め印でかまいませんが、重要な取引ですから、なるべく実印を使用します。

④　売主が「仮契約書」を作りたいと言っても応じてはなりません。仮契約書という表題があっても、契約書であることには変わりはないので、契約の性質の曖昧な書面には署名や押印をしないことが大切です。その他の性質の分からない書面にも署名や押印をしてはなりません。悪徳業者の詐欺の手口に引っかからないことが大切です。

⑤　売主が宅地建物取引業者の場合に手付金を支払うときは、売買代金の10％（未完成物件では5％）を超えまたは1千万円を超える手付金を支払う際には保証機関（保証契約をした銀行または保険会社）の発行した保証書を受け取る必要があります。また、売主が宅地建物取引業者の場合は売買代金の20％を超える手付金を受領することはできないとされています。しかし、売主が宅地建物取引業者でない場合には、手付金の保証書交付義務はなく手付金の上限額の制限もありません。

Q17 建売住宅の購入前のチェックは、どのようにするのですか

　完璧なチェックをするには、専門家（一級建築士）が設計図書（建築図面や仕様書）や建築確認申請書副本によってチェックをする必要がありますが、ここでは、素人が住宅の見えるところをチェックする場合について説明します。付録1の「欠陥住宅をつかまないためのチェックリスト」も参考にします。

1　地盤の調査報告書をチェックする

(1)　たとえ住宅が頑丈にできていたしても、その地盤（土地）が軟弱地盤で、不同沈下（年月の経過とともに起こる住宅の沈下で斜めに起こる沈下）を起こしたり、斜面の造成地で擁壁（斜面の土を支える壁）が崩れたりする場合がありますから、売主から地盤調査報告書を貰う必要があります。地盤の強度によっては地盤補強を行う必要があります（平成12年5月23日建設省告示第1347号「建築物の基礎の構造方法及び構造計算の基準を定める件」）。

(2)　地盤が以前は沼であったり田であった場合は、地盤が不同沈下して住宅が傾くことがありますから、十分な補強工事がなされたことを確認する必要があります。山の斜面を削って宅地を造成した地盤は、擁壁の工事に欠陥がある場合は地盤が崩れる危険性があります。地盤調査報告書から危険性があると思う場所は購入しないのが無難です。

2　基礎にひび割れがないかをチェックする

(1)　木造住宅の基礎（住宅の荷重を地盤に伝える部分）は、一般にコンクリートで作られますが、コンクリート基礎にひび割れ（クラック）がないかを確認します。コンクリートのひび割れは、コンクリート

が固まる時に乾燥し収縮して起こる場合が多いのですが、建物の不同沈下によるひび割れもあります。一般にひび割れの幅が0.2ミリ以下の狭いもの（ヘヤークラックといいます）は許容範囲とされています。ひび割れの幅がこれより大きい場合は、雨水や外気によって中の鉄筋が錆びてしまうことがあります。

(2) ひび割れの原因がコンクリートが固まる時に乾燥し収縮して起こる場合で、ひび割れの幅が０.２ミリ以下の狭いものは一般に許容範囲と考えられていますが、基礎のコンクリート全体にひび割れがある場合や砂利が表面に現われてボロボロになっている状態（ジャンカ＝豆板）の基礎は強度が弱くなっていますから、強度の試験をする必要があります。

3　建築途中なら住宅の接合部をチェックする

(1) 住宅が完成した場合には住宅の最も重要な基本構造部分である土台、柱、筋交いなどが隠れてしまいますからチェックをすることができなくなりますが、建築途中なら住宅の接合部をチェックする必要があります。住宅の接合部の位置（アルファベットで示した部分）は、おおむね次のようになっています。

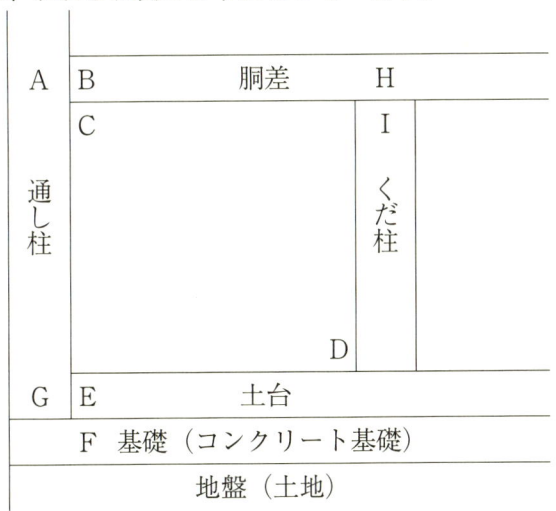

A	B	胴差	H	
	C		I	
通し柱			くだ柱	
			D	
G	E	土台		
	F　基礎（コンクリート基礎）			
	地盤（土地）			

Q 17——建売住宅の購入前のチェックは、どのようにするのですか　　97

(2) 住宅の接合部は、各種の金物を使用して接合しますが、主なものは次の通りです。
① 上図のＡＢ間は「かね折り金物」で接合します。
② 上図のＣＤ間は筋交い（柱や梁の間に斜めに入れる部材）を入れて「筋交いプレート」で接合します。
③ 上図のＥＦ間は「アンカーボルト」を使用して土台と基礎を接合します。
④ 上図のＥＧ間は「Ｌ型かど金物」を使用して柱と土台を接合します。
⑤ 上図のＨＩ間は「Ｔ型かど金物」を使用して胴差と柱を接合します。
⑥ その他に多数の接合部がボルト、釘、金物で補強されます。
　これらの接合部の設計や施工に手抜きがあると欠陥住宅になりますが、完成後の建売住宅を購入する場合はチェックが不可能ですから、建売住宅の購入自体が危険なのです。

4　住宅の床や建物自体が傾いていないかをチェックする

(1) 住宅の各部屋の床にビー玉を置いて転がるかどうかをチェックします。ビー玉が同じ方向に何回しても転がる場合は、地盤の不同沈下や住宅の構造的な欠陥が疑われます。このような場合は地盤調査報告書をもとに施工業者に確認する必要があります。
(2) 建物自体が傾いているかどうかについては、ドア・襖（ふすま）・障子などの建具を開閉してチェックをします。ドアに大きな隙間（すきま）のある場合や襖・障子の開閉がスムースでない場合は建物がゆがんでいる可能性があります。
(3) 歩くと床がなるとか凹む場合は、設計不良・施工不良や材料の手抜きが考えられます。１階と２階の間取りが大きく異なり、１階は広い部屋なのに２階は小部屋が多い場合は、１階の柱が不足して２階の梁（柱と柱の間の水平の部材）がたわむ場合があります。

5　2階の外壁と1階の屋根の接合された部分をチェックする

(1)　台風のような強い風雨の場合は、屋根の傾斜の低い所から高い所へ雨水がはい上がって行きますから、2階の外壁と1階の屋根の接合された部分から雨水が浸入しないような工事が必要です。

(2)　少なくとも外壁に沿って金属板（水切り金物といいます）がしっかりと立ち上がっており防水紙が正確に設置されていることが必要です。外壁の仕上げは①モルタル塗りリシン吹きつけ（左官がモルタルを塗り仕上げ材のリシンを吹きつけたもの）や②サイディング張り（サイディングと呼ばれるパネル状のものを大工が釘で張っていくもの）が多いのですが、①の工法は左官の技術が劣る場合はひび割れが発生して雨水の浸入の原因となります。一方、②の工法はサイディング自体は工場生産で品質に問題はありませんが、固いパネル状の材料ですから、建物の細かい形状に合わせて工事をすることが困難であるという欠点があり隙間のできた下手な工事をすると雨水の浸入の原因となります。

6　屋根の軒の出が十分あるかをチェックする

(1)　屋根の軒（屋根の端の外壁から出っ張っている部分）は住宅を風雨や日射から保護するために設けられますが、軒の出は少なくとも45センチ以上は必要です。しかし、高温多湿の台風の多い日本では軒の出は最低60センチは必要といえます。

(2)　屋根の軒の出が少ないと屋根に降った雨が吹き込みやすくなりますし、直射日光をさえぎることができません。屋根の軒の出を十分にとることができない場合には、窓に合った庇（窓の外の上部に付け雨よけ日よけに用いる）を付ける場合があります。

(3)　バルコニー（建物の外壁から張り出した床）の屋根も、バルコニーの先端まであるのがよいといえます。バルコニーに屋根がないか屋根が小さい場合は、バルコニー自体が陸屋根（水平の屋根）となり

大量の雨水の排水が必要となり漏水の原因となる場合があります。

7 水平屋根（陸屋根）やバルコニーの雨水の排水方法をチェックする

(1)　水平屋根やバルコニーの雨水を排水するには、①その先端に軒樋（屋根の雨水を集めて流すために軒先に取り付けた樋）を設ける方法と②雨水を箱状（プール状）に溜めて、溜まった雨水を数箇所で排水する方法とがあります。いずれの場合も、材料の選択と施工方法が重要で、これを誤ると雨漏りの原因となります。建築業界では施工方法や仕上がりなどを「納まり」と言い、「納まりがよい」とか「納まりが悪い」のように使われます。この場合も納まりが悪いと雨漏りの原因となります。

(2)　よく用いられる防水方法にＦＲＰ防水（強化プラスチックの材料を使った防水）がありますが、ＦＲＰ（繊維で強化したプラスチック）は浴槽やボートに用いられる材料で工事現場で継ぎ目のないプラスチックの箱を作りますから漏水の心配はありません。

(3)　その他の雨水の浸入を防ぐ方法にシート防水がありますが、シート防水は樹脂系のシートとシートの継ぎ目を溶接して一体化しますので、施工方法に誤りがなければ確実な方法です。しかし、防水シートの立ち上がり（水平面から上方に折れ曲がる部分）を十分にとる必要があります。

8 小屋裏の断熱材や換気をチェックする

(1)　小屋裏とは、天井と屋根との間の空間（屋根裏）をいいますが、小屋裏の断熱材が適切に設置されていないと断熱効果がないほか、屋根裏の通気を妨げますので、結露（水蒸気を含む空気が壁面その他の物に接触して冷却され水蒸気から水滴が生じること）が生じ漏水のような状態が生じます。

(2)　断熱材には、グラスウール、ロックウール、硬質発砲ウレタンその他の各種の材料がありますが、屋根裏の空気の流れを妨げないよ

うに設置する必要があります。通気のために軒下に空気の取り入れ口を設け、棟(屋根の稜線の部分)の近くで空気を抜きます。

9　2階その他の水回りをチェックする

(1)　水回り(浴室、トイレ、台所、洗面所)はトラブルの発生の多い箇所ですから、特に水回りが2階にある場合には、排水管がどこを通っているのかをチェックしておく必要があります。浴室や台所の給湯器の位置も確認しておき修理の際に必要な場所が確保されているかどうかも確認します。

(2)　地下室に水回りを置いている場合もありますが、排水のためにポンプが必要になる場合があり機械の整備の手間や費用がかかることになります。地下室には水回りを置かないのが無難です。

10　擁壁や塀の安全性をチェックする

(1)　擁壁とは、住宅の敷地が崩れないように斜面を支える壁状の構造物をいいます。山の斜面を切り取って宅地造成をしたような場合は、擁壁の設計や施工に欠陥がある場合には崩れる危険性があります。擁壁のすぐ隣に住宅がある場合は、その住宅の重量も加わりますから危険が増します。擁壁に排水管を設置していなかったり、排水管が詰まっていた場合や大雨が降った場合には、大きい水圧が加わって擁壁が崩れる場合があります。

(2)　塀とは、敷地の境界線に設ける敷地を区画する壁をいいます。垣とは異なり、視界を遮断し、防火、防犯、防音、プライバシーの保護などの目的で設置します。塀は材料の種類によって制限があり、例えば、組積造の塀(石、煉瓦、コンクリートブロックなどの塀)では、高さは1.2メートル以下、厚さは高さの10分の1以下、基礎の深さは20センチ以上、長さ4メートル以内に控壁を設けるなどの制限があります。

11　住宅の各設備をチェックする

(1)　電気の回路数は適切かをチェックします。電気器具によっては1器具1回路を要するものと数個をグループとした回路がありますが、必要回路数の設定を誤るとブレーカー（電気遮断器）が働いて電気が切れてしまいます。

(2)　電気のコンセントとスイッチの個数や位置が適切かをチェックします。浴室内にはコンセントの設置はできません。

(3)　照明器具でも特殊なものは建築会社へ現物を支給して取り付けてもらうことができますが、重量の大きいものは事前に取り付け箇所の下地に補強が必要となる場合があります。

(4)　電話、テレビアンテナ、防犯器具などの通信関係の埋め込み配管設備がなされているかをチェックします。各配線の状況も確認します。

(5)　冷暖房設備や換気設備がどのようになっているかをチェックします。

12　販売業者に住宅保証機構の業者登録や住宅登録をしているかを尋ねる

(1)　販売業者が倒産した場合には住宅の修繕も受けられないことになりますから、販売業者には財団法人住宅保証機構（電話 03-3584-5748）の住宅性能保証制度の業者登録や住宅登録をしておいて貰う必要があります。

(2)　販売業者に財団法人住宅保証機構の業者登録や住宅登録をしておいて貰うと販売業者が倒産した場合でも一定額の保証を受けることができます。

Q18 建売住宅の欠陥住宅の見分け方は、どのようにするのですか

1 建売住宅には欠陥住宅が多い

(1) 建売住宅は注文住宅の場合と異なり他人の建てた完成品を購入しますから、建築の過程も分からず建物の最も重要な基本構造部分（柱、壁、小屋組、筋交いその他）の施工がどのようになされているのかを見ることもできないので、欠陥住宅をつかまされることが多いのです。

(2) 建売住宅が欠陥住宅かどうかを見分けるには、専門家（一級建築士）に依頼するしかありませんが、専門家に依頼する場合にも以下に述べるような準備をしておく必要があります。多くの人にとっては一生に一度の大きな買い物ですから、欠陥住宅をつかまないために、ある程度の基礎知識は知っておく必要があります。

2 売主から設計図書（工事用の図面と仕様書）を貰う

(1) 建築基準法では設計図書は「工事用の図面と仕様書」と定義されていますが、具体的には次の①から⑭の図面、⑮の仕様書、⑯の工事費見積書のような書類を貰います。写し（コピー）でもかまいません。

① 平面図（間取り、柱、筋交いなどの位置の分かる図面）
② 立面図（東西南北から見た建物の外観の図面）
③ 断面図（建物を縦に切断した断面の図面）
④ 基礎伏図（基礎・アンカーボルト・換気孔の位置の図面）
⑤ 床伏図（土台や床組の図面）
⑥ 小屋伏図（木造の屋根の骨組みの図面）
⑦ 軸組図（土台・柱・梁・桁・筋交いなどの骨組の図面）
⑧ 展開図（室内の各壁面、各窓・ドアなどの位置の分かる図面）

⑨　建具表（襖、障子、ドアなどの建具の一覧表）

⑩　設備図（電気配線、給排水設備、ガス設備などの配線配管図面）

⑪　仕上げ表（建物の内装・外装の仕上げ材料などの一覧表）

⑫　面積表（敷地や建物の面積の一覧表）

⑬　配置図（建物が敷地にどのように配置されるかの図面）

⑭　付近見取図（敷地付近の見取図）

⑮　工事仕様書（上記の図面に表わせない各材料、施工方法、仕上げなどを詳細に示した書面）

⑯　工事費見積書（工事費の内訳明細と工事費全体を見積もった書面）

(2)　売主の持っている「地盤調査報告書」を貰います。写し（コピー）でもかまいません。

3　売主の持っている建築確認申請書と添付書類の各副本の写しを貰う

(1)　建築確認申請とは、建築物の建築前にその建築物が法令に適合するか否かについて自治体の公務員である建築主事か民間の指定確認検査機関に対して建築主が確認を申請することをいいます（建築基準法第6条）。建築主は、工事開始前に確認申請をして確認済証の交付を受ける必要があります。

(2)　確認済証の交付を受けた建築確認申請書の副本の写しを貰うと、設計図書（図面や仕様書）の主なものは添付書類とされていますから、法令に適合したとされる設計図書を見ることができます。木造3階建て住宅の場合は、建築確認申請書の添付書類に構造計算書が付いていますが、素人では構造計算書を理解できませんから、専門家に見てもらうことにします。1階車庫付き木造3階建て住宅は、特に危険ですから、構造計算書をよく確認する必要があります。千葉県市川市の姉歯秀次建築士が作成した構造計算書の偽造が発覚し耐震偽造のあった多数のマンションやホテルが国土交通省から平成17年11月17日に公表され全国的に大問題となっています。国土交通省の公

表した内容によると、構造計算書の偽造によって、耐震強度が法令の基準の26％から56％しかないことが分かりました。建築業者の中には自己破産を申し立てた会社もあり、どのように解決するのか注目されています。

4　売主の持っている中間検査と完了検査の検査済証の写しを貰う

(1)　建築途中の一定の工程で自治体の公務員である建築主事か民間の指定確認検査機関が中間検査を行い、その後の完了した時点では完了検査を行いますが、その検査済証の原本または写しを貰います。検査済証は、公的な機関の検査に合格したことを証明する書面ですが、検査項目が限定されていますから、例えば、雨漏りのような欠陥があるかどうかは分かりません。この検査は欠陥住宅かどうかを検査するものではありません。

(2)　中間検査や完了検査の検査項目は自治体の建築主事（建築確認や検査の業務を行う公務員）に照会するか、自治体の情報公開条例を使って公開請求をして入手することとします。

(3)　住宅金融公庫の住宅ローンの融資条件では、中間検査や完了検査を受けることが条件とされていますが、一般の銀行の融資条件では不問とされています。その他にも住宅金融公庫の住宅ローンの融資条件では、敷地面積が100㎡以上で公庫の仕様書の耐久性があることなどの条件が付いていますが、銀行融資は不問とされています。

5　建売住宅のチラシを信用しない

(1)　建築条件付き宅地販売は認められていますが、宅地と建築条件付き建物の同時販売は違法となります。建築条件付き宅地販売は、①土地の売買契約をした後、建物の建築請負契約までの間に3ヵ月以上の猶予を設ける、②売主またはその代理人が建築を請け負う、③条件が調わなかった場合は土地の売買契約を白紙撤回し申込金などを全額返還するという3条件を満たした場合に限り行うことができ

るとされています。悪徳業者は、宅地と建築請負の同時契約を迫りますから注意が必要です。

(2)　完成後の建売住宅よりも工事中の建売住宅のほうが工程をチェックできるので安心できます。チラシには、完成後の建売住宅には「築年月・平成17年9月」のように記載し、工事中の場合は「築年月・平成17年9月完成予定、建築確認番号第0000号」のように記載しています。建築確認を受けない段階で広告をすることは宅地建物取引業法に違反します。売主は一般に建築確認を受けると直ちに広告を出しますから、工事中のものも多いのです。建築確認を受けていないのにウソの建築確認番号を記載している場合もありますから、オトリ広告には注意が必要です。

(3)　住宅の建てられない宅地がありますから、注意が必要です。建築基準法では、新築や増改築をする場合には、幅4m以上の道路に敷地が2m以上接していることが必要だとされています。これを接道要件といいますが、道路には公道のほか私道も含まれます。

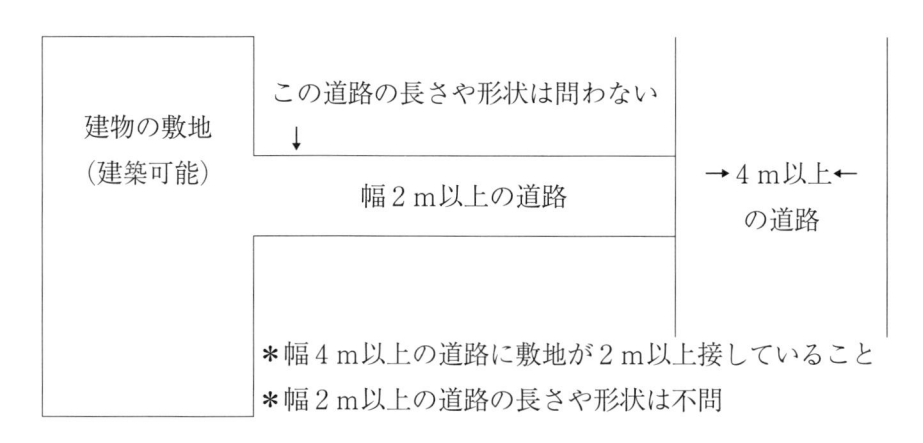

```
┌──────────┐        この道路の長さや形状は問わない
│          │              ↓
│ 建物の敷地 ├──────────────────────────┐  →4m以上←
│（建築可能）│        幅2m以上の道路      │    の道路
│          ├──────────────────────────┘
│          │    ＊幅4m以上の道路に敷地が2m以上接していること
│          │    ＊幅2m以上の道路の長さや形状は不問
└──────────┘
```

次のような敷地でも建築可能とされています。広告に「私道負担あり」と記載されている場合は、次の①セットバック、②位置指定道路、③専用道路のいずれかの負担がある場合です。

　　(a)　幅4m未満の道路の中心から2m後退した部分を境界線とす

る場合です（これをセットバックといいます）。

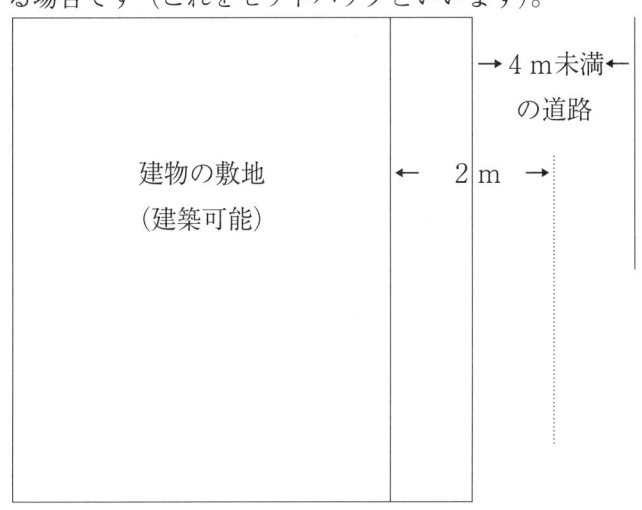

```
|                          |        →4m未満←
|                          |         の道路
|      建物の敷地           |←  2m  →
|     （建築可能）          |
|                          |
|                          |
|                          |
```

＊幅4m未満の道路の中心から2m後退した部分を境界線とし後退した部分は建坪率や容積率の計算からは除外しますが、所有権者に変更はありません。

(b) 私道を位置指定道路として建築基準法上の道路として認定して貰う。

敷地	敷地	敷地	敷地	敷地	敷地	
敷地	位置指定道路（私有地）	2m以上	→4m以上←
敷地			の公道
敷地	敷地	敷地	敷地	敷地	敷地	

＊位置指定道路は私有地ですから所有者が維持管理をする必要があります。
＊位置指定道路は当初は開発業者の所有ですが、宅地に私道負担

Q 18 ——建売住宅の欠陥住宅の見分け方は、どのようにするのですか 107

分を含めて販売します。
(c) 専用道路として私有地を幅4mの道路とする場合もあります。

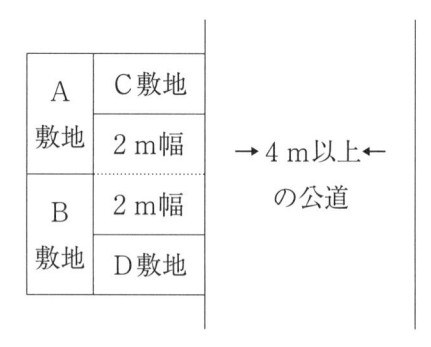

A敷地	C敷地
	2m幅
B敷地	2m幅
	D敷地

→4m以上←
の公道

＊A敷地のために2m幅の私道の専用道路を設け、B敷地のためにも2m幅の私道の専用道路を設けている例
＊C敷地とD敷地は幅4m以上の公道に2m以上接している。

6　建売住宅の「重要事項説明書」をよく読んで疑問点は質問する

(1)　重要事項説明書を宅地建物取引主任者から受け取る際には建物の設計図書（図面や仕様書）、建築確認申請書副本、地盤調査報告書、中間検査・完了検査の検査済証、売買契約書案、登記簿謄本その他の関係書類の写しを受け取ることとします。重要事項説明書を受け取ることと売買契約をすることは無関係ですから、重要事項説明書その他の書類を十分に検討して売買契約を締結するかどうかを決定することにします。

(2)　重要事項説明書の中には建築基準法その他の行政法規の規制が記載されていますが、行政関係法規は複雑ですから疑問点はその法令の業務を担当する都道府県・市町村の公務員に質問をすることにします。

(3)　特に権利関係では抵当権の設定の有無、建築制限の有無、私道負担の有無などの確認が大切です。

7　設計図書や現地での確認は一級建築士に依頼する

(1)　設計図書を貰っても理解できない場合はチェックは一級建築士に依頼するしかありません。一級建築士は全国に30万人以上もいますが、その大半は建築会社や工務店に勤務していますから、チェックを依頼することのできる一級建築士は各地域には少数しかいません。建築の専門分野は、①意匠、②構造、③設備の3分野に分かれますが、3分野のいずれにも精通している者は少ないので、できれば、構造を専門とする者に依頼します。

(2)　設計図書や現地のチェックに対する一級建築士の報酬は決まっていませんので、依頼する一級建築士と相談をして決定することになります。例えば、著者の知っている欠陥住宅調査センターの現地調査では次のようになっています。

> ①　調査基本料金　3時間以内6万円
> 　　3時間を超える場合は、2時間以内ごとに3万円を追加（調査報告書の作成費用を含む）
> ②　相談　　　　　1時間以内1万円
> 　　1時間を超える場合は、1時間以内ごとに1万円を追加
> ③　旅費　　　　　実費　　鉄道（グリーン）、航空機、船（特等）
> ④　旅行日当　　　半日（往復2時間を超え4時間まで）　3万円
> 　　　　　　　　　1日（往復4時間を超える場合）　　　5万円
> ⑤　宿泊料　　　　実費

(3)　一級建築士に建物の調査を依頼する場合にも、何の調査を依頼するのかを仕様書に書いて渡す必要があります。相談をする場合も必要事項を書いたメモを持参します。メモを持参しないと相談時間が無駄になります（仕様書やメモの書き方は、本書の著者による『欠

陥住宅被害・対応マニュアル』（緑風出版）19 頁以降参照）。

8　設計住宅性能評価書や建設住宅性能評価書を売主から貰う

(1)　「住宅の品質確保の促進等に関する法律」の住宅性能表示制度にもとづく「設計住宅性能評価書」や「建設住宅性能評価書」によって建築基準法が遵守されているかどうかを確認することができますから、評価書がある場合には、その写しを貰うこととします。

(2)　住宅性能表示制度は客観的な評価を実施する第三者機関（指定住宅性能評価機関）が住宅の性能評価を行いますから、その評価結果に問題がなければ、その項目については建築基準関係法令に適合していることが分かります。

第4章●
欠陥マンションをつかまない ためには、どうするのですか

Q19 マンションの売買契約は、どのようにするのですか

1 マンションはトラブルの温床

(1) マンションという用語は「マンションの管理の適正化の推進に関する法律」や「マンションの建替えの円滑化等に関する法律」にも用いられていますが、マンションの定義は、「2以上の区分所有者が存する建物で人の居住の用に供する専有部分のあるもの」とされています。この場合の区分所有者とは、1棟の建物の中の構造上区分された部分で独立して住居、店舗、事務所、倉庫その他の建物としての用途に供することができる部分を所有する者をいいます。マンションの各戸の所有者がこれに当たります。

(2) マンション各戸の所有者（区分所有者）は、マンション各戸の部分についての区分所有権を有します（建物の区分所有等に関する法律第1条）。**区分所有権の目的である建物の部分のことを「専有部分」といいます。専有部分以外の建物の部分や専有部分に属さない建物の付属物やマンション規約により定めた部分を「共用部分」といいます。専有部分を所有するための建物の敷地に関する権利を「敷地利用権」といいます。**

(3) 区分所有者は、全員で、建物、その敷地、付属施設の管理を行うための団体を構成し、「建物の区分所有等に関する法律」の定めるところにより集会を開き規約を定め管理者を置くことができるとされており、実際に、各マンションでは、共同生活を円滑にするために、マンション管理組合の運営に関することや区分所有者相互間の利害調整に関するルールや使用方法などについて定めたマンション管理規約を制定しています。

(4) マンション（区分所有建物）では、一戸建てとは異なり、多数の人

が共同生活を営みますから、その所有権も制限のある区分所有権であり、マンション管理規約で使用の制限を受けるほか、マンションの管理費用・維持保全費用・設備その他の修繕費用、長期修繕計画の積立金その他の多くの費用負担があり、マンションの建替え問題など様々の問題を抱えることになります。これらの問題は、マンション管理規約やマンション管理組合によって決められますから、意見の相違による紛争が多く発生し、マンションはトラブルの温床となります。

2　マンションの購入計画

(1)　マンションの場合もＱ16の2に述べた建売住宅の場合と同様に次のような事項を考慮して購入計画を立てる必要があります。
　① 立地条件（交通の便、幼稚園・学校・病院・スーパーマーケット・公共施設との間の距離、自然環境その他）に問題はないか
　② そのマンションは将来の生活設計に合致しているか
　③ 予算（購入費用その他）は、いくらか
　④ 部屋数、間取り、収納場所などに問題はないか
　⑤ 家族の意見を十分に聞いたか
　⑥ 生活様式（洋式・和式）に合致しているか
　⑦ 台所、浴槽、便所、給湯設備、冷暖房設備などは問題はないか

(2)　マンションの購入の手順は次のようになりますが、購入に際してはできる限り多くの情報を収集する必要があります。情報の収集には宅地建物取引業者、新聞広告、折り込みチラシ、住宅情報誌その他がありますが、宅地建物取引業者を活用するのが最も効率的です。
　① 多数の情報を収集する（宅地建物取引業者、新聞広告、折り込みチラシその他）
　② 建物の部屋、共用部分、設備その他の見学をする
　③ 宅地建物取引主任者から「重要事項説明書」その他の書類を貰う（重要事項説明書についてはＱ16の4と5参照）

④　売買契約書案の内容の検討

⑤　売買契約の申込、手付金の支払い

⑥　残代金の支払い、物件の引渡し、入居

⑦　所有権取得の登記

3　重要事項説明書の内容の確認

(1)　マンション（区分所有建物）の重要事項説明書の内容もＱ16の5で述べた事項と基本的には同じですが、一戸建て住宅の場合とは異なり次の(2)以下のような項目が記載されています。重要事項説明書には、マンション管理規約その他の規則の写しが添付されていますから、その内容を確認することも大切です。

マンション（区分所有建物）の各部分は法律上次のように分かれます。

```
─ 専有部分(区分所有権の目的となる建物の部分＝マンションの部屋)
       (a) 構造上の独立性があること（1棟の建物に構造上区分された部分があること）
       (b) 利用上の独立性があること（独立して住居・店舗・事務所・倉庫その他の建物としての用途に供し得ること）
                    ─ 法定共用部分
                          (a) 専有部分以外の建物の部分（例えば、廊下、階段、バルコニー、玄関）
                          (b) 専有部分に属しない建物の附属物（例えば、電気の配線、ガスや水道のメインの配管）
─ 共用部分 ─
                    ─ 規約共用部分
                          (a) 区分所有権の目的とすることのできる建物部分（専有部分）で規約によっ
```

　　　　　　　　　　て共用部分とされたもの（例えば、集
　　　　　　　　　　会室、管理人室）
　　　　　　　(b)　附属の建物で、規約によって共用部
　　　　　　　　　　分とされたもの（例えば、倉庫、車庫、
　　　　　　　　　　物置）

(2)　不動産の表示（建物及びその敷地の表示）の例
　　①　建物の名称　　○○マンション
　　②　室番号　　　　901 号室（9 階）
　　③　住居表示　　　○県○市○町○丁目○番○－901 号
　　④　所在　　　　　○県○市○町○丁目○番地
　　⑤　室面積　　　　登記簿面積 121.23 ㎡、壁芯面積 126.45 ㎡
　　（登記簿面積は壁の内側で測ったもの（内法面積）ですから、広告
　　の表示した壁芯面積よりも少なくなります）
　　⑥　敷地に関する権利　　所有権
　　⑦　敷地の登記簿面積　　3456.78 ㎡
　　　　敷地の実測面積　　　3456.78 ㎡
　　⑧　敷地の共有持分　　　○○○○分の○○○
　　⑨　建築年月　　　　　　平成 17 年 2 月
　　⑩　附属建物　　　　　　種類：倉庫
　　　　　　　　　　　　　　構造：鉄筋コンクリート造 1 階建
　　　　　　　　　　　　　　床面積：20.25 ㎡
(3)　1 棟の建物またはその敷地に関する権利およびこれらの管理・使用
　　に関する事項の例
　　(a)　敷地に関する権利の種類および内容
　　　　①　敷地の面積　登記簿 3456.78 ㎡、実測 3456.78 ㎡
　　　　　　　　　　　　建築確認の対象面積 3456.78 ㎡
　　　　②　権利の種類　敷地権・所有権（地上権、賃借権の場合もある）
　　(b)　共用部分に関する規約の定め

① 共用部分　共用の玄関・廊下・階段・外壁・建物軀体・主配管・主配線等
② 共用部分の共有持分　専用部分の床面積の割合による
③ 規約の定め　別添の管理規約第○条および使用規則第○条の通り
（規約は区分所有者全員でマンション管理のルールを定めたもので、使用規則は規約にもとづき場所や施設の使用のルールを定めたものです）

(c) 専有部分の用途その他の利用の制限に関する規約等の定め
① 規約等の定め　別添の管理規約第○条および使用規則第○条の通り
② その他　事務所等の事業用としての利用は禁止されている
（規約第○条）
犬・猫その他の動物の飼育は禁止されている
（規約第○条）

(d) 専用使用権に関する規約等の定め
① 駐車場　使用できる者：区分所有者（購入者）
使用料額：月額 15,000 円
使用料の帰属先：マンション管理組合
その他：管理規約施行細則第○条ないし第○条参照
② その他の専用使用部分
専用倉庫（管理規約施行細則第○条の使用料をマンション管理組合へ納付）
駐輪場（管理規約施行細則第○条の使用料をマンション管理組合へ納付）
専用庭（管理規約施行細則第○条の使用料をマンション管理組合へ納付）
ルーフバルコニー（管理規約施行細則第○条の使用料をマンション管理組合へ納付）

Q 19 ――マンションの売買契約は、どのようにするのですか

(e) 所有者が負担すべき費用を特定の者のみに減免する旨の規約等の定め

(例えば、新築分譲の場合に売れ残りがあるときに売却されるまで売主の区分所有者としての管理費・修繕積立金等を減免する規定があります)

(f) 計画修繕積立金等に関する事項
　① 規約等の定め　　別添管理規約第○条の通り
　② 修繕積立金　　　月額○○○○円（平成○年○月○日現在）
　（中古の場合、滞納額○万円（平成○年○月○日現在）とされている場合もありますが、この場合は一般に売主の責任で滞納のない状態で引き渡すことを明記しています）
　③ すでに積み立てられている額　　○○万○千円（平成○年○月○日現在）

(g) 通常の管理費用の額
　① 通常の管理費用の額　　月額○○○○円（平成○年○月○日現在）
　② その他　（滞納がある場合は、滞納額○万○千円（平成○年○月○日現在）と記載されていますが、一般に売主の責任で滞納のない状態で引き渡すことを明記しています。売主が負担しない場合は、管理組合は新所有者に請求ができます。）

(h) 管理の委託先等
　① 管理の形態　　全部委託管理・一部委託管理・自己管理の別
　② 管理の委託先　　○○建物管理株式会社（○県○市○町○丁目○番○号、電話番号 000-000-0000)
　③ マンション管理の適正化の推進に関する法律による登録番号
　　　国土交通大臣（○）○○○○号

(i) 建物の維持修繕の実施状況の記録
　① 共用部分　　平成18年1月：手すり改修および塗装工事
　② 専用部分　　なし

(j) その他
① 「建物の区分所有等に関する法律」の規定および管理規約、使用規則等により当該建物・敷地・付属施設の管理・使用等が定められていますので、買主は、それを売主から承継し、遵守しなければなりません。
② 管理費・修繕積立金等の変更予定　（有、無し、協議中の別と予定のある場合は平成〇年〇月頃とか未定と記載しています）
③ 大規模修繕の予定　（有、無し、協議中の別とある場合は時期）
　臨時（一時）負担金　（有、無し、協議中の別とある場合は予定額）
④ 自治会費等　月額〇〇〇円
⑤ その他

4　マンション（区分所有建物）の性質

(1) マンションは区分所有建物であるため区分所有者間での紛争が多く、法律制度でも「建物の区分所有等に関する法律」はすでに昭和38年4月から施行されていましたが、平成13年8月には「マンションの管理の適正化に関する法律」が施行され、更に、平成14年6月には「マンションの建替えの円滑化等に関する法律」も施行されました。マンションを購入しようとする者は、これらの法律の要点を知っておく必要があります。

(2) **建物の区分所有等に関する法律（区分所有法）で知っておきたい要点は**、次の通りです。
① 区分所有建物とは、1棟の建物に構造上区別された複数の部分で独立して住居・店舗・事務所・倉庫その他建物としての用途に供することができるものをいいます。例えば、分譲マンションのような建物です。マンションの各室のような部分を目的とする所有権を区分所有権といいます。

② 区分所有建物（マンション）は、(a)専有部分と(b)共用部分に分けられます。
  (a) 専有部分とは、区分所有権の目的となる建物の部分（マンションの各室）をいいます。専有部分とされるためには、構造上の独立性と利用上の独立性の2要件を満たすことが必要です。
  (b) 共用部分とは、共同して使用する専有部分以外の建物の部分（例えば、階段や廊下）をいいます。共用部分には、法律上当然に共用部分とされる法定共用部分（例えば、階段、廊下、柱、水道の主配管）と規約にもとづく規約共用部分（例えば、集会室、倉庫、車庫）とがあります。
③ 共用部分は、区分所有者の共有（共同所有）となります。共用部分の所有権の割合（持分）は、規約に定めのない限り専有部分の床面積の割合となります。規約共用部分は、その旨の登記をしておかなければ第三者に共用部分であることを主張（対抗）することができません。
④ 共用部分の持分（所有権の割合）の処分（例えば、売却）は専有部分の処分に従いますから、専有部分（マンションの部屋）を譲渡すると共用部分の持分も譲渡したことになります。
⑤ 共用部分の共有者は専有部分の床面積の割合に応じて共用部分の費用（例えば、管理費、保険料）を負担します。
⑥ 共用部分の管理には、(a)保存行為（現状を維持する行為）、(b)管理行為（現状を変更しないで利用する行為）、(c)変更行為（現状を変更する行為）があります。(a)は区分所有者が単独でできますが、(b)と(c)の軽微な変更は区分所有者数の過半数と専有部分の床面積に応じた議決権の過半数の議決が必要です。(c)の重大な変更は区分所有者数の4分の3以上と議決権の4分の3以上の各議決が必要です。ただ、規約で別の定めをすることができます。
⑦ 建物の敷地には、(a)法定敷地（マンションの建っている底地）、(b)規約敷地（規約による通路、駐車場、庭などでマンションに隣

接している必要はありません）、(c)みなし規約敷地（2筆のうちの1筆上の建物が滅失した場合や敷地が分筆されて建物のない土地が生じた場合）があります。専有部分を所有するために必要な敷地を利用する権利を敷地利用権といい、分譲契約により敷地利用権も区分所有者が共有（共同所有）することになります。

⑧　区分所有者は、共同の利益に反する行為をしてはなりません。例えば、建物の外壁の損壊行為、危険物の持ち込み行為、騒音・悪臭の発生行為をいいます。義務違反者に対しては区分所有法に規定する訴訟手続により使用禁止請求、競売請求その他の措置をとることができます。

⑨　区分所有者は、全員で、建物、その敷地、附属施設の管理を行う団体（管理組合）を構成し、区分所有法の規定により集会を開き、規約を定め、管理者を置くことができます。管理組合は、民事訴訟で原告または被告となることができます。管理組合を法人（管理組合法人）とすることもできます。

⑩　区分所有者は、管理組合の集会の決議により管理業務を行う者（管理者）を置くことができます。管理者は区分所有者以外の者から選任することができますし、自然人（人間のこと）以外の会社のような法人を管理者とすることもできます。

⑪　区分所有者は、全員で構成する団体（管理組合）で規約を定めますが、規約の制定・変更・廃止には、区分所有者数と議決権の各4分の3以上の多数による議決が必要です。

⑫　最初に専有部分の全部を所有する者（分譲業者）は、次の4つの事項に限り単独で規約の設定をすることができます。

　(a)　規約共用部分の定め
　(b)　規約敷地の定め
　(c)　専有部分と敷地利用権の分離処分を許可する定め
　(d)　各専有部分に係る敷地利用権の割合に関する定め

⑬　規約の効力は区分所有者全員（反対した者も含みます）に及ぶ

ほか、相続による承継人や売買による承継人、実際に占有している者（住んでいる者）にも及びます。

⑭　区分所有者の団体（管理組合）の意思決定機関として集会がありますが、集会は管理者が毎年1回定期に招集しますし、臨時の必要がある場合にも招集できます。区分所有者全員の5分の1以上かつ議決権の5分の1以上の者が管理者（招集権者）に対して集会の招集を請求することができます。

⑮　集会の招集に際しては、期日の1週間前までに会議の目的の事項を示して各区分所有者へ通知する必要があります。決議の要件は、次の(a)区分所有者の数と(b)議決権の割合の両方の要件を満たす必要があります。

(a)　区分所有者の数は、1人で2戸以上の区分所有権を有する場合、2人で1戸の区分所有権を共有する場合、2人で2戸以上の区分所有権を共有する場合のいずれも1人として計算します。共有者は議決権行使者1人を定めます。

(b)　議決権の割合は、規約に別段の定めのない場合は壁その他の区画の内側線で囲まれた専有部分の床面積の割合によります。

⑯　マンションの老朽化により建替えをする場合には、集会において区分所有者数と議決権の各5分の4以上の賛成を得る必要があります。この場合には、(a)現に建物が存在すること（例えば、地震で建物が完全になくなった場合は含みません）、(b)以前の敷地もしくは敷地の一部、以前の敷地を含む土地か以前の敷地の一部を含む土地を新しいマンションの敷地にすることが必要です。

⑰　1区画内に複数の建物（例えば、マンション）があり区画内の土地や附属施設が建物所有者の共有に属する場合を区分所有法では団地といいます。団地内の土地建物の共有者を団地建物所有者といいます。団地建物所有者は、団地内の土地建物の管理を行う団体（管理組合）を構成し区分所有法により集会を開き規約を定め管理者を置くことができます。団地の管理組合と団地内の区分所

有建物の管理組合が併存する場合があります。

(3) **マンションの建替えの円滑化等に関する法律で知っておきたい要点は**、次の通りです。マンションの建替えについては、区分所有法にも詳細な規定が置かれていますが、なお紛争が生じることが多いので、平成14年12月から本法が施行されたのです。

① マンションの建替えの円滑化等に関する法律は、(a)マンション建替組合の設立、(b)権利変換手続による関係権利の変換、(c)危険または有害な状況にあるマンションの建替えの促進のための特別の措置、などのマンションの建替えの円滑化を図ることを目的としています。

② マンション建替組合とは、次の要件を満たして設立したマンション建替事業を行う組合をいいます。

  (a) マンション建替えを行う旨の合意をしたとみなされる者が5人以上いること

  (b) マンション建替え合意者が定款と事業計画を定めたこと（建替え合意者数の4分の3以上で議決権（専有部分の床面積の割合）の4分の3以上の同意で定めます）

  (c) 国土交通省令により建替え合意者の4分の3以上の同意を得て都道府県知事に認可申請をして設立の認可を得たこと

③ マンション建替組合は、組合の認可の公告の日から2ヵ月以内に建替えに参加しない旨を回答した区分所有者に対し区分所有権と敷地利用権を時価で売り渡すべきことを請求することができます。

④ 権利変換手続とは、建替え前のマンションの権利関係を建替え後のマンションに移行させる手続をいいます。権利変換計画について総会の議決があったときは、次の請求をすることができます。

  (a) マンション建替組合は、建替えの議決があった日から2ヵ月以内に議決に賛成しなかった組合員に対し区分所有権と敷地利用権を時価で売り渡すように請求することができます。

  (b) 議決に賛成しなかった組合員は、建替えの議決があった日か

ら2ヵ月以内にマンション建替組合に対して区分所有権と敷地利用権を時価で買い取るように請求することができます。
　⑤　危険または有害な状況にあるマンションの建替えについて市町村長は勧告することができます。
(4)　**マンションの管理の適正化の推進に関する法律（マンション管理適正化法）の知っておきたい要点は**、次の通りです。マンション管理適正化法のマンションには、建物全体を1人が所有し各部屋を賃貸している場合は含まれません。
　①　マンション管理適正化法の目的は、マンション管理士の資格を定め、マンション管理業者の登録制度を実施するなどによりマンションの管理の適正化を推進することを目的としています。
　②　マンション管理士とは、国土交通大臣の登録を受けマンション管理士の名称を用いて専門的知識をもって管理組合の運営その他のマンションの管理に関し管理組合の管理者または区分所有者の相談に応じ、助言・指導その他の援助を行うことを業務とする者をいいます。試験に合格した者だけが名称を使用できる名称独占の資格です。
　③　マンション管理業者とは、国土交通大臣の登録を受けてマンション管理業務を業として行う者をいいます。個人でも法人でもかまいませんが、登録を受けずにマンション管理業務を営んだ者は1年以下の懲役または50万円以下の罰金に処せられます。マンション管理業者が30管理組合以下と契約した場合は1名の専任の管理業務主任者を置く必要があります。

5　マンション（区分所有建物）の売買契約書の主なチェックポイント

　マンションの売買契約書の主なチェックポイントも「付録7」の一戸建ての建売住宅の場合と基本的には同様ですが、以下の点に注意します。特にマンションの場合は、同一の契約書案で多数の者と契約しますので、買主が契約条項の変更を求めても売主が応じることはほとんどありません。

(1) 売買の目的物（マンションの建物と敷地）の表示は登記簿の記載の通りに正確に記載されているかどうかを確認します。
(2) マンション（区分所有建物）の区分所有者はマンションの規約や使用規則に従う必要がありますから、宅地建物取引主任者から渡された重要事項説明書に添付されている規約や使用規則によりマンションの使用の条件をよく確認しておく必要があります。
(3) 契約条項の中の契約解除条項は特に重要ですから十分に確認をしておきます。特に買い換えの場合で購入物件の売買契約が先行する場合には、一戸建ての場合に説明した通り（付録7の(11)）、手持ち物件が売却できなかった場合や売却代金が受領できなかった場合にはマンションの売買契約が自動的に消滅するものとします。

Q20 マンションの購入前のチェックは、どのようにするのですか

　東京都、千葉県、神奈川県などで建てられた多数のマンションやホテルについて千葉県市川市の姉歯建築設計事務所の作成した構造計算書の偽造が平成17年11月に発覚して、各マンションの耐震強度の割合は、建築基準法による強度を100％とした場合の26％しかないマンションが建てられていたと国土交通省が発表しました。買主がマンションの耐震強度の偽造を見抜くことはほとんど不可能ですから、このような構造に欠陥のあるマンションをつかまない方法はまずありません。

　建築基準法にもとづく建築確認申請は、自治体の建築主事か国土交通大臣などの指定する民間会社の確認機関に対して行いますが、この事件の場合の建築基準法に基づく建築確認申請も民間の確認機関に対して行われていました。建築基準法にもとづく建築確認は、建築基準法その他の法令の規定にもとづいて厳格に行わなければなりませんが、この事件の場合は、民間の確認機関が十分な確認を行わなかったとして問題となりました。マンションの住民の生命にかかわる重大な構造計算書が偽造されていた場合には、買主にはほとんどチェックの手段がありません。

　マンションの完成した後は、重要な基本構造部分は隠れてしまってチェックをすることはできませんが、建設途中の場合は、次のようなチェックをすることができます。専門家（一級建築士）にチェックを依頼する場合は、設計図書や各工程ごとに撮影された工事写真で施工状況の分かる場合もあります。ただ、施工業者の撮影した写真では欠陥箇所は一般に撮影しませんから、役立たないこともあります。

1　地上部分の主鉄筋だけを曲げて台直しをしていないかチェックする

（1）　台直しとは、鉄筋コンクリート造の鉄筋の位置を正規の位置に直

すことをいいますが、コンクリートを掘り起こして下の主鉄筋を曲げる必要があるのに地上部分の鉄筋だけを曲げて位置を直したのでは強度が弱くなり、マンションの倒壊の危険が生じます。知識不足から台直しがされる場合もあります。

柱主筋の台直しの例

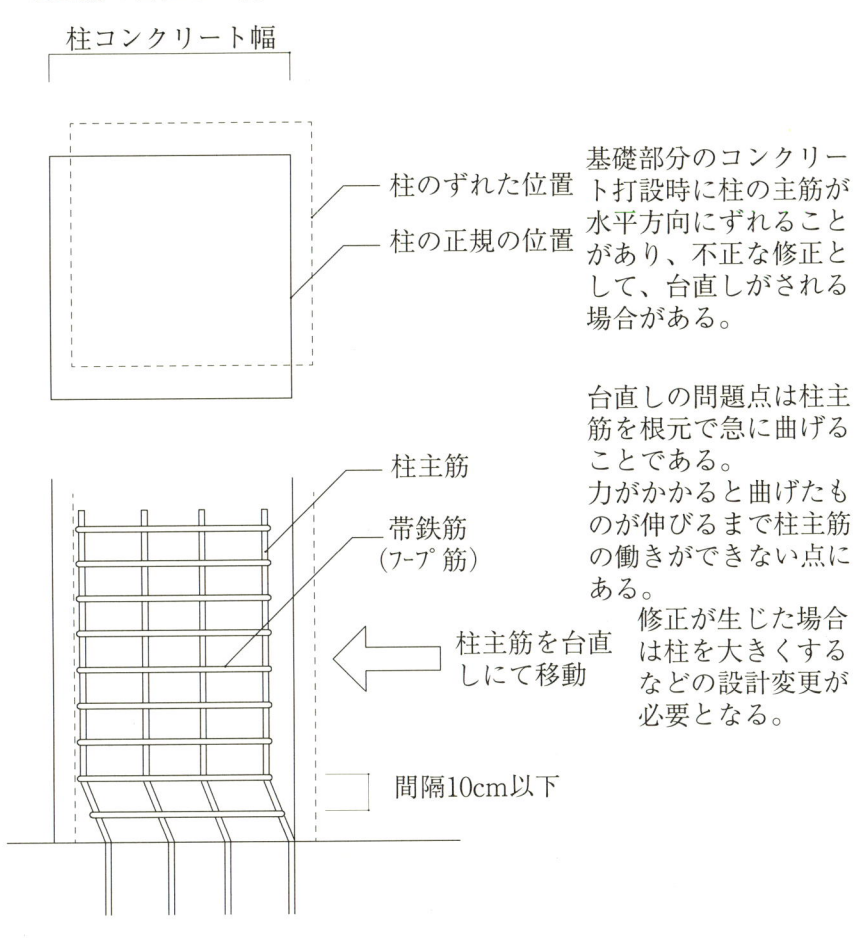

柱コンクリート幅

— 柱のずれた位置
— 柱の正規の位置

基礎部分のコンクリート打設時に柱の主筋が水平方向にずれることがあり、不正な修正として、台直しがされる場合がある。

— 柱主筋
— 帯鉄筋（フープ筋）

← 柱主筋を台直しにて移動

間隔10cm以下

台直しの問題点は柱主筋を根元で急に曲げることである。
力がかかると曲げたものが伸びるまで柱主筋の働きができない点にある。
修正が生じた場合は柱を大きくするなどの設計変更が必要となる。

(2) 鉄筋の台直しをしたマンションは、鉄筋の強度が弱くなっていますから購入しないことが大切です。「引張鉄筋の台直しは絶対にするな」が鉄則です。

2　マンション屋上のパラペットの施工をチェックする

（1）　パラペットとは、マンション屋上の端部に立ち上がった壁部分をいいます。この施工が不良の場合は、寄り掛かった場合に地上に落ちてしまいます。

（2）　パラペットと屋上の床面とのつなぎ目の工事が不良の場合は、雨漏りの原因となります。バルコニーの場合も同様です。

　　　← 笠木（上部の保護部材でアルミなどの金属製）

　　　← パラペット（屋上などの端部の立ち上がった壁部分）

　　　　マンション屋上またはバルコニー（床面）

○部分のつなぎ目の施工が不良の場合は雨漏りの原因となります。

3　床スラブの厚さは十分かをチェックする

（1）　鉄筋コンクリートの床スラブ（床を構成する床板）の厚さは最低でも18センチ以上は必要で、通常は20センチ以上となっています。

（2）　床の構造は、二重床（遮音、断熱などの目的で二重にした構造の床）か浮き床（防振ゴムやグラスウールなどの防振材料によって支持した床）になっていないと上の階の生活音が下の階に響くことがあります。床衝撃音（足音、落下音など）に対する遮音等級はL値で示されますが、L40以下なら生活に支障はないので、売主にL値を確認する必要があります（L値が小さいほど遮音性能が高く、L55以上では我慢できなくなる）。

4　界壁の厚さは十分かをチェックする

(1)　界壁とは、マンションの各戸（各部屋）の間の壁をいいますが、この界壁の厚さは 15 センチ以上は必要です。この界壁の厚さが薄いと隣の生活音が聞こえます。壁の遮音性能はＤ値で示されますが（数値が大きいほど遮音性能が高い）、Ｄ 45 以下では我慢できなくなります。売主にＤ値を確認する必要があります。

(2)　界壁のコンクリート壁にひび割れがあると隣の生活音が聞こえますが、一般にクロスを貼っていてひび割れは見えませんから、隣の騒音があまりにひどいときはクロスを剥がして点検する必要があります。

5　排水管の設置に欠陥はないかをチェックする

(1)　浴室、台所、トイレ、洗面所の排水がそれぞれ単独の排水管で排水されるのが理想ですが、少なくとも２系統以上の排水管の設置が必要です。１系統では同時に多量の排水をした場合は逆流する危険性があります。３系統以上あれば問題はないと言えます。

(2)　縦管につながる横管の長さは２ｍ以内なら一応問題ありませんが、長すぎると排水に支障があります。排水管の高低差の勾配不足があると排水に支障があります。大量の水を一度に流して排水管のチェックをすることが大切です。

6　コンクリート打ちに欠陥はないかをチェックする

(1)　コンクリートは、セメントに細骨材（砂）と粗骨材（砂利）を水で練り混ぜたものをいいます。コンクリートの性質として、耐久性・耐火性に富み、腐食しないので土や水に接する場所に使用することができる長所がありますが、一方、引っ張り力には弱く、硬化・乾燥による収縮が起こる欠点もあります。

(2)　コンクリートの強度試験は専門家でないとできませんが、コンクリート打ちの欠陥としてコンクリートにジャンカ（豆板ともいい、コ

ンクリートの打設不良により粗骨材だけが集まり隙間が生じて硬化した状態）がないかどうかをチェックします。

（3）コンクリートに亀裂（ひび割れ・クラック）がないかをチェックしますが、塗装やタイルを貼っていないコンクリート壁の場合（外気に接している場合）の許容幅は、一般に0.2ミリ以下とされています。塗装やタイルを貼っているコンクリート壁の場合（外気に接していない場合）の許容幅は、一般に0.3ミリ以下とされています。

7　鉄筋のかぶりの厚さに欠陥はないかをチェックする

（1）鉄筋のかぶりの厚さとは、鉄筋コンクリートの鉄筋の外側を覆うコンクリートの表面までの厚さをいいます。鉄筋コンクリートの鉄筋の外側のコンクリートの必要な厚さは、壁、床、柱、梁、基礎によって異なりますが、鉄筋のかぶりの厚さが不足する場合は、鉄筋コンクリートの強度が弱くなります。

（2）鉄筋のかぶりの厚さにムラがある場合も鉄筋コンクリートの強度が弱くなります。主鉄筋の周囲の帯鉄筋（主鉄筋の周囲に一定の間隔で配置する補強のための鉄筋）の間隔が10センチ以上ないかをチェックします。帯鉄筋の間隔は10センチとされていますので、間隔が広すぎる場合は強度が弱くなります。

柱鉄筋のかぶりの厚さと主鉄筋の周囲の帯鉄筋

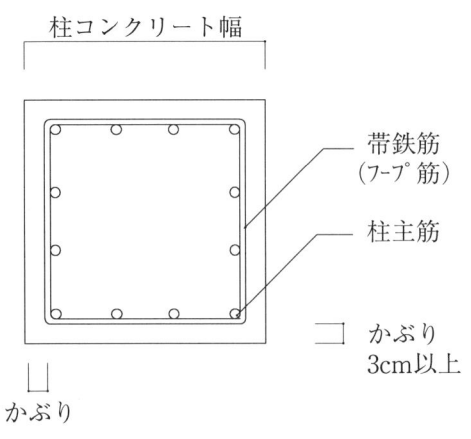

帯鉄筋
(ﾌｰﾌﾟ筋)

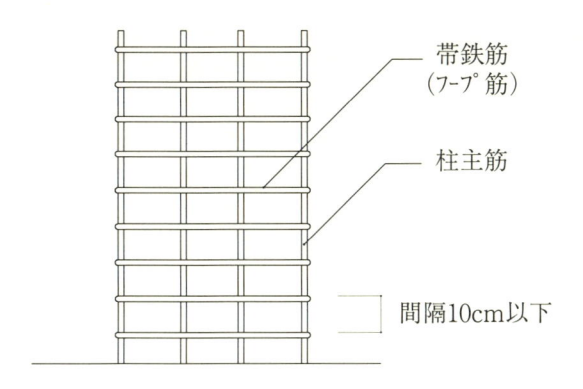

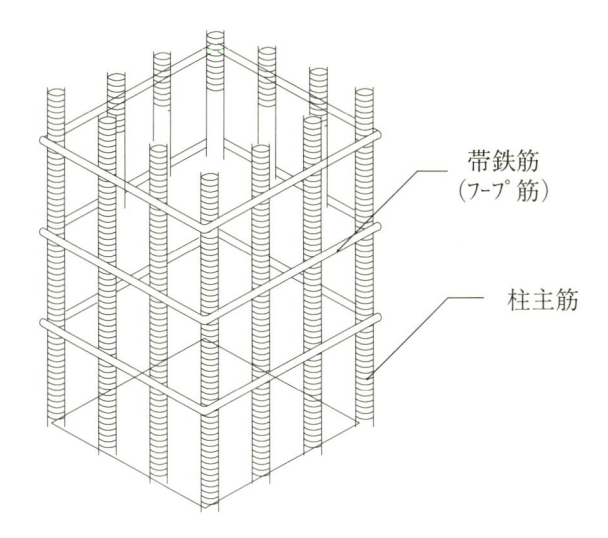

柱主筋

間隔10cm以下

帯鉄筋
(ﾌｰﾌﾟ筋)

柱主筋

8 マンションの外壁仕上げはタイルを使用しているかをチェックする

(1) 仕上げ材は、見た目のよしあしとスケルトン（建物の構造的骨組み）を風雨や空気との接触を絶ち保護する役割からタイル仕上げに勝るものはありません。良いタイルは、小口タイルや二丁掛けタイルですが、一般に45二丁掛けタイル（1枚が45㎜×90㎜）が使用されます。

(2) 吹きつけタイルというのがありますが、タイルとは異なり下地に樹脂入りセメントモルタルを塗ってその上に仕上げ材を吹きつける

方法です。外壁を打ちっぱなしにしているのが最もよくない方法です。

9　販売業者に住宅保証機構の業者登録や住宅登録をしているかを尋ねる

(1)　一戸建ての場合も同様ですが、販売業者が倒産した場合は修繕さえ受けられないことになりますから、販売業者には財団法人住宅保証機構（電話03-3584-5748）の住宅性能保証制度の業者登録と住宅登録をしておいて貰う必要があります。登録費用は業者が支払います。

(2)　住宅保証機構の住宅性能保証制度の業者登録と住宅登録をしている場合には、販売業者が倒産しても一定額の保証を受けることができます。

Q21 欠陥マンションの見分け方は、どのようにするのですか

1 マンションにも欠陥マンションが多い

(1) マンションも、一戸建ての建売住宅を購入する場合と同様に他人の建てた完成品を購入しますから、建築の過程も分からず建物の最も重要な基本構造部分の耐震強度が十分なのかどうかもわかりません。Q 20に述べた通り平成17年11月に発覚したマンションやホテルの耐震強度の偽装事件では、東京都、千葉県、神奈川県などで建てられたマンションやホテルについて千葉県市川市の姉歯建築設計事務所の構造計算書の偽造があり、各マンションの耐震強度に重大な欠陥があることが分かりました。このような構造計算書の偽造の場合に買主が構造計算書を入手したとしても、買主がマンションの耐震強度の偽造を見抜くことはほとんど不可能ですから、このような構造に欠陥のあるマンションを発見することは困難です。更に、構造計算書に欠陥がなくても、買主には施工が適正かどうかも分からないのです。

(2) 買主としては、結局、売買契約の契約条項で欠陥発覚時の責任を売主にとってもらうしかありませんが、マンションの売買契約書は売主の作成した契約書案を承諾するかどうか（購入するのかしないのか）の自由しか買主にはなく、契約条項の変更は一般に認められません。

　従って、買主の自衛策としては欠陥発覚時に売主が瑕疵担保責任（欠陥による売主の責任）をとることのできるだけの経済的資力がある業者から購入するくらいしか方策がありません。販売業者の資力や販売実績数などを調査して倒産の可能性の少ない会社の物件にするのが無難です。上述した平成17年11月に発覚した耐震強度偽造事

件では、マンションの建て替えが問題となりました。
- (3) 欠陥マンションの見分け方も、建物の①構造的な面（例えば、基本構造部分の耐震強度）、②意匠の面（例えば、仕上げ）、③設備の面（例えば、各種設備の機能）からチェックする必要がありますが、専門家（一級建築士）の協力がないと困難な場合が多いのです。

2　マンション分譲業者の販売実績数・信用度・経済的資力などを調査する

- (1) マンションは完成品を購入しますから、施工過程が不明のためマンション自体の欠陥をチェックすることはほとんど困難ですので、まず、マンション分譲業者の販売実績数・会社の業績・信用度・経済的資力・会社の規模などを調査する必要があります。マンション分譲業者の販売パンフレットにも一部記載されていますが、欠陥発覚時の保証制度を売主に確認しておくことが大切です。分譲業者が倒産した場合にも保証される制度に加入していることが必要です。
- (2) 購入予定のマンションの分譲業者の他の物件の入居者から欠陥箇所の発生状況や近隣とのトラブル発生状況を調査するのも大切です。欠陥マンションをつかまないためにはマンション分譲業者の選択が最も重要です。

3　売主から建物の設計図書（図面や仕様書）の写しを貰う

- (1) マンション分譲業者の宣伝パンフレットの建物概要だけでは不十分ですから、可能な範囲で図面類や仕様書の各写しを貰って検討する必要があります。完成前に分譲する場合には、仮設のモデルルームを見て売買契約をすることになりますから、実際に入居した場合には不具合が生じることがあります。
- (2) モデルルームは仮設のものですから、実際の建物の防音、防湿、耐震、耐火などの基本性能は調べることができませんので売買契約に際しては注意が必要です。

4　売主の持っている建築確認申請書類やその添付書類の写しを貰う。

(1)　契約前には建築基準法にもとづく建物の建築確認申請関係書類やその添付書類の各写しを貰う必要があります。建物の建築確認申請は、自治体の公務員である建築主事か民間の指定確認検査機関に対して建築主が行いますが、平成17年11月に発覚したマンションの構造計算書の偽造事件では民間の指定確認検査機関が建築確認の業務を行っていました。

(2)　建築確認申請書類やその添付書類の写しを貰っても理解できない場合は、専門家（一級建築士）に確認して貰うことにします。

5　売主の持っている中間検査と完了検査の各検査済証の各写しを貰う

(1)　建築途中の工程で自治体の公務員である建築主事か民間の指定確認検査機関が中間検査を行い、工事の完了した時点で完了検査を行いますが、各検査済証の各写しを売主から貰います。

(2)　平成17年11月に発覚したマンションの構造計算書の偽造事件では、建築確認、中間検査、完了検査のいずれも同一の民間の指定確認検査機関が行っていたので、構造計算書偽造事件の発覚が遅れました。実務上も建築確認・中間検査・完了検査のいずれも同一の民間の指定確認検査機関が行う場合が多いのです。

6　分譲マンションのチラシを信用しない

(1)　分譲マンションのチラシには売主に都合のよいことが書かれていますから、チラシの内容については売主に十分確認する必要があります。できれば、専門家（一級建築士など）にチラシの内容と現地を見て貰うことです。

(2)　チラシとモデルルームだけで購入物件を決めるのは危険です。モデルルームは消費者の購入意欲をそそるように出来ていますから、専門家（一級建築士など）によく確認してもらうことが大切です。

7 保証期間その他の保証制度をよく確認する

(1) 分譲マンションの契約書案については、一般に売主と買主の交渉によって変更することはできませんので、保証期間その他の保証制度に不安がある場合は契約をしないことが大切です。

(2) 「住宅の品質確保の促進等に関する法律」では、平成12年4月1日以降に売買契約をした新築住宅については、住宅のうち、①構造耐力上主要な部分と、②雨水の浸入を防止する部分に限っては、売主は、建物の引渡時から10年間、瑕疵担保責任（欠陥から生ずる責任）を負うこととしていますが、①構造耐力上主要な部分と、②雨水の浸入を防止する部分に限られていますから注意が必要です。その他の部分の瑕疵（欠陥）については売買契約の定めによりますから契約内容の確認が大切です。

8 「住宅の品質確保の促進等に関する法律」の住宅性能評価書を確認する

(1) 「住宅の品質確保の促進等に関する法律」の住宅性能表示制度にもとづく、①設計住宅性能評価書や、②建設住宅性能評価書の内容を確認します。これらの内容によって評価項目についてだけは法令に適合した建物かどうかを確認することができます。

(2) この住宅性能表示制度は任意の制度ですが、①設計住宅性能評価書や、②建設住宅性能評価書の内容により法令に適合していることが分かる場合は、その評価項目についてだけは、一応、安心ができます。

9 マンションの場所や周辺環境について十分に現地調査をする

(1) マンションの間取りや仕上げが気に入った場合でも、マンションの場所や周辺環境をよく調査する必要があります。例えば、その部屋の陽当たりは冬至の日照時間にも問題はないのか、周辺道路や工

場による大気汚染や騒音被害はないのか、高圧線や鉄塔に隣接していないか、通勤・通学・買物・病院などの日常生活に支障はないかなどを十分に調査する必要があります。

(2) 現地調査は、日曜・休日だけではなく平日にも行う必要があります。例えば、工場騒音や交通量は日曜・休日だけの調査では分かりません。

第5章●
欠陥住宅をつかんでしまった場合は、
　　　どうするのですか

Q22 注文住宅で欠陥住宅をつかんでしまった場合は、どうするのですか

1 欠陥とは何か

(1) **注文住宅の「欠陥」とは、その注文住宅が建築請負契約に適合していないことをいいます。** この場合の欠陥のことを法律用語では瑕疵といいますが、**瑕疵の有無は裁判所が判断します。** この場合の瑕疵とは、雨漏り、床の傾斜、漏水、壁のひび割れ、地盤沈下などの欠陥現象をいうのではなく、それらの欠陥現象の原因をいいます。その欠陥現象の原因が建築請負契約書に規定する瑕疵に該当するかどうかが判断基準となりますが、建築基準法のような建築請負契約書の内容を補充する「瑕疵の判断基準」も必要になります。

(2) 瑕疵の判断基準としては、次のようなものがあります（詳細は、本書の著者による『欠陥住宅被害・対応マニュアル』（緑風出版）15頁以下参照）。

① 請負契約書の契約内容
② 設計図書（工事用の各種図面、工事仕様書、工事費見積書）の内容
③ 建築基準法、建築基準法施行令、建築基準法施行規則のような法令の内容
④ 建築基準法などに基づく国土交通省（旧建設省）の告示の内容
⑤ 住宅金融公庫の住宅工事共通仕様書の内容
⑥ 住宅の品質確保の促進等に関する法律による指定住宅紛争処理機関の定めた技術的基準の内容
⑦ 日本建築学会の標準工事仕様書などの標準的技術基準の内容
⑧ 伝統的な木造軸組工法などの確立された標準的工法の内容
　裁判所が瑕疵（欠陥）と判断する基準は明確ではありませんが、

上記の判断基準にもとづいて瑕疵を主張する必要があります。瑕疵（欠陥）かどうかの判断は、最終的には裁判所で判断されることになりますが、**瑕疵（欠陥）とは、技術的判断ではなく、法律的判断を意味するのです**。

2 注文住宅での欠陥住宅被害の対応

(1) 注文住宅での欠陥住宅被害の典型例には、新築住宅なのに雨漏りがする、壁にひび割れ（亀裂）ができた、床が傾いている、漏水がある、地盤沈下があるなどの欠陥現象があります。これらの欠陥現象は誰にでも見るとよく分かりますが、これらの原因を突き止めるには困難な場合が多いのです。例えば、新築住宅なのに雨漏りがするという現象はよくある欠陥住宅の現象ですが、雨漏りの原因を突き止めるには意外に困難な場合が多いのです。また、新築住宅なのに雨漏りがするような住宅は、他の箇所にも欠陥がある場合が多いのです。

(2) 欠陥住宅被害に対応するには、一般に次のような手順で対応します。

① 一級建築士に欠陥現象についての相談をする。
② 一級建築士に欠陥現象についての建物調査を依頼する。
③ 一級建築士の建物調査の結果に基づいて請負人に修繕計画を照会する。
④ 建物調査の結果と修繕計画に基づいて請負人に修繕を依頼する。
⑤ 修繕をしない箇所については内容証明郵便で修繕を催促する。
⑥ 損害賠償請求訴訟などの民事訴訟の証拠を収集する。
⑦ 民事訴訟を本人訴訟でできない場合は弁護士を探す。
⑧ 民事訴訟に協力して貰う一級建築士を探す。

（詳細は、本書の著者による『欠陥住宅被害・対応マニュアル』（緑風出版）17頁以下参照）。

(3)　欠陥住宅について建築士に相談をする場合は一級建築士に依頼するようにします。建築士の種類には、①一級建築士、②二級建築士、③木造建築士があります。ＮＴＴの職業別電話帳には建築士の職業はないので、建築設計とか建築検査の項目から一級建築士事務所を探します。

(4)　建築士の業務は大別すると、①意匠（間取り、仕上げその他のデザイン関係）、②構造（建物の構造計算書の作成）、③設備（建物内の各種の設備）の３分野に分かれますが、３分野の全部に精通している者はあまりいませんので、できれば構造を専門とする者に依頼します。

(5)　一級建築士に欠陥住宅について相談に行くときは、次例のような項目について記載したメモを持参します。相談料は１時間１万円程度ですから、メモを持参しないと時間の無駄になります。

> ○欠陥住宅の構造（木造、鉄骨造、その他）・種類（一戸建て、共同住宅）・階数と各階の床面積、○建物の引渡年月、○工法（木造軸組工法、ツーバイフォー工法、鉄骨造工法その他）、○建物の所在地、○建物の用途（住居、店舗その他）、○契約金額と契約書の有無、○契約の種類（注文住宅、建売住宅その他）、○契約の相手方の住所氏名、○建築図面や仕様書の有無、○建築確認通知書の有無、○建築確認申請書副本の有無、○住宅金融公庫の融資の有無、○欠陥被害の内容、○欠陥原因の調査をした場合はその結果、○請負人の言い分、○相談者の住所氏名

(6)　一級建築士と欠陥住宅について相談をした後、建物の調査をする必要があると判断した場合には、一級建築士に「建物調査報告書」の作成を依頼する仕様書を作成して、調査費用の見積書を出して貰います。

Q22──注文住宅で欠陥住宅をつかんでしまった場合は、どうするのですか

調査費用は建築士や建物調査会社によって異なりますが、代表的な建物調査会社の例では、①建物調査基本料金は３時間以内６万円。３時間を超える場合は２時間以内ごとに３万円を加算（建物調査報告書の作成を含む）、②相談料は１時間以内１万円。１時間を超える場合は１時間以内ごとに１万円を加算、③往復４時間を超える場合の旅行日当は５万円（交通費・宿泊料は実費）、④破壊検査その他の工事を必要とする場合は工事費の実費のようになっています。「建物調査報告書」は最終的に民事訴訟になった場合の証拠（書証〈しょしょう〉）としても利用します。

(7)　一級建築士の作成した「建物調査報告書」の調査結果に基づいて注文住宅の請負人に対して具体的な修繕計画を照会します。一級建築士の作成した「建物調査報告書」の調査結果に基づいて具体的な欠陥箇所や欠陥原因を指摘して修繕計画の提出を求めた場合はよほどの悪徳業者でない限り、具体的な修繕計画を提出してきます。

　　修繕計画の照会は、請負人の代表者（株式会社なら代表取締役）に対して行いますが、回答期限は、例えば、「本照会書の到達日の翌日から起算して１週間以内に回答書を発送されたい」のように１週間以内ないし10日以内程度とします。請負人は欠陥と認めたがらないので欠陥箇所のことを「不具合箇所」と表現します（照会書の書き方は本書の著者による『欠陥住宅被害・対応マニュアル』（緑風出版）23頁以下参照）。

　　請負人から回答書が到達した場合は、その回答内容を一級建築士と検討して問題がないと判断したときは修繕の開始を依頼します。修繕方法などに問題がある場合は、再度の照会書で問題点を指摘して適切な修繕方法によることを依頼します。この場合の建築士は、建物調査報告書の作成を依頼した建築士としますが、照会書に対する回答書の内容に対する問題点の指摘は相談料程度（１時間１万円程度）で依頼することができます。

(8)　請負人が回答書の中で認めた不具合箇所（欠陥箇所）については、

その具体的な修繕工事計画（具体的な各工事内容、施工日数、工程などを記載した書面）を提出して貰います。新築住宅なのに雨漏りがするような住宅は一般に多数の欠陥箇所がありますが、例えば、建物調査報告書で50箇所の欠陥場所が指摘されていても請負人が30箇所しか認めない場合は、修繕工事の着手が遅れますから、とりあえず請負人の認めた欠陥箇所について修繕工事を開始して貰います。

入居者としては一度に全部の修繕工事をして貰わないと何度も工事に付き合わされることになり不都合ですが、雨漏りのような緊急を要するものは直ちに修繕工事を開始しないと建物に取り返しのつかない損傷を受けることになります。更に、請負人が倒産することもあるので、請負人が欠陥を認めた箇所を先に修繕して貰う必要があります。修繕工事が大規模の場合には、その工事監理を建物調査報告書の作成を依頼した一級建築士に依頼するのが賢明といえます。

(9) 請負人が認めた欠陥箇所の修繕の終了後に請負人の認めない欠陥箇所について建物調査報告書の作成を依頼した一級建築士と相談のうえ、再度、理由を示して修繕を求めますが、請負人が応じない場合は民事訴訟になりますから、照会書は「内容証明郵便」で発送します。内容証明郵便とは、郵送した手紙の内容や発送日を郵便局が証明してくれる制度で、内容証明郵便で出した手紙の控えにも郵便局長の証明印が押印されていますから、民事訴訟の証拠（書証）として提出すると強い証明力を持つ証拠となります。相手方の請負人から受け取る書類は、どんなものでも証拠（書証）となりますから、全部を大切に保存しておきます。

(10) 請負人に対して内容証明郵便で修繕の照会をしても何の回答もない場合は誠実な修繕工事を期待することはできませんから、民事訴訟の準備を開始します。民事訴訟の勝敗は、主張（法令に根拠のある言い分）と立証（言い分を証明すること）によって決まりますから、建物調査報告書、写真、照会書、回答書、内容証明郵便、法令、告示その他の証拠となる書類を整理します。欠陥住宅訴訟は、欠陥か

否かという技術論争になりますから、建築に素人の裁判官にもよく分かる書面を作成することが大切です。

　本人訴訟ができない場合は、弁護士を探すしかありませんが、できれば欠陥住宅事件を扱ったことのある弁護士に依頼します。弁護士を依頼した場合でも訴訟は技術論争が中心になりますから、弁護士に協力してくれる一級建築士が必要です。何度も欠陥住宅事件を扱ったことのある弁護士は協力してくれる建築士を知っていますから、別に探す必要はありません。

3　注文住宅の欠陥の責任追及

(1)　注文住宅の建築は請負契約ですから、請負契約書に規定していない事項は民法の請負契約の規定が適用されます。民法の請負契約とは、当事者の一方（請負人）が、ある仕事（注文住宅）を完成することを約束し、その仕事の結果に対して報酬を支払うことを約束する契約をいいます（民法第632条）。法律的には請負契約の成立には契約書の作成は必要とされていませんが、実際には注文住宅では詳細な契約条項を定めた建築請負契約書が作成されます。注文住宅の欠陥住宅訴訟においては、請負契約書が裁判所の最も重要な判断基準とされますから、請負契約書の作成には細心の注意が必要です。

(2)　注文住宅の欠陥の責任追及の方法としては、①請負人の契約違反に対する責任追及（瑕疵修補請求権の行使、損害賠償請求権の行使、契約解除権の行使）、②請負人の従業員の不法行為（故意または過失により他人の権利を侵害する行為）による請負人（使用者）と従業員への責任追及、③設計や監理をした建築士の契約違反に対する責任の追及、④下請け・孫請け業者の不法行為責任の追及、⑤建築確認機関・検査機関（建築主事や民間指定確認検査機関）の不法行為責任の追及などが考えられます。民事訴訟の実務では、これらの責任を有する者全員を被告として訴えを提起します。

(3)　請負人の契約違反に対する責任追及として注文者は請負人に対し

て次の、①瑕疵修補請求権、②損害賠償請求権、③契約解除権を行使することができます（民法第634条・第635条）。

①　注文住宅に瑕疵（欠陥）があるときは、注文者は、請負人に対し、相当の期間を定めて、その瑕疵の修補（修繕）を請求することができます。この権利を注文者の瑕疵修補請求権といいます。ただし、瑕疵が重要でない場合において、その修補に過分の（不相応な）費用を要するときは、修補の請求はできないとされています（民法第634条第1項）。この場合の瑕疵は、売買契約の場合の「隠れた瑕疵」（通常要求される程度の注意をしていても発見できない欠陥）に限られません。請負人の瑕疵担保責任（欠陥から生ずる責任）は、請負人に過失がなくても負う無過失責任とされています。

②　注文者は、瑕疵の修補に代えて、またはその修補とともに、損害賠償の請求をすることができます。この場合には、民法第533条の同時履行の抗弁権（相手方が履行するまで自分の履行を拒むことのできる権利）が準用されます（民法第634条第2項）。例えば、欠陥の修繕に代えてまたは修繕とともに損害賠償請求をした場合に請負人が応じないときは、請負人の支払いがあるまで建築代金の支払いを拒むことができます。

③　仕事の目的物（注文住宅）に瑕疵があり、そのために請負契約をした目的を達することができないときは、注文者は、契約の解除をすることができますが、建物その他の土地の工作物（ブロック塀など）については解除できないとされています（民法第635条）。ただ、平成14年9月24日最高裁判例は、住宅に重大な欠陥があり取り壊し建て替え以外に補修方法がないときは、その代金を請求できるとしていますから、実質的には契約解除を認めた効果があります。

④　瑕疵修補請求権・損害賠償請求権・契約解除権は、建物その他の土地の工作物を除いて、仕事の目的物の引渡時から1年以内に行使する必要があります（民法第637条第1項）。建物その他の土

地の工作物については、請負人は、(a)工作物と地盤の瑕疵については引渡後5年間、担保責任（瑕疵から生ずる責任）を負いますが、(b)5年の期間は、石造り、土造り、れんが造り、コンクリート造り、金属造りその他これらに類する構造の工作物については10年とされています（民法第638条第1項）。しかし、土地の工作物が瑕疵により滅失または損傷したときは、注文者は、その滅失または損傷の時から1年以内に瑕疵修補請求権や損害賠償請求権を行使する必要があります（民法第638条第2項）。これらの1年または5年の期間は、普通の時効期間である10年以内なら請負契約などの契約で伸長することができます（民法第639条）。

(4) 請負人の従業員の不法行為による請負人（使用者）と従業員への責任追及として、①従業員には民法第709条による不法行為責任、②請負人には民法第715条の使用者責任を追及することになりますが、実際には、資力のない従業員より請負人を被告とすることになります。民法第709条は、「故意または過失によって他人の権利または法律上保護される利益を侵害した者は、これによって生じた損害を賠償する責任を負う」と規定していますから、故意または過失により建築基準法その他の法令に違反して欠陥工事をした者には損害賠償請求をすることができます。下請けや孫請けの従業員の場合も同様です。

　また、民法第715条第1項は、「ある事業のために他人を使用する者は、被用者がその事業の執行について第三者に加えた損害を賠償する責任を負う。ただし、使用者が被用者の選任およびその事業の監督について相当の注意をしたとき、または相当の注意をしても損害が生ずべきであったときは、この限りでない」と規定していますから、従業員の故意または過失により第三者に損害を加えたときは、使用者（雇用主）が責任を負うことになります。使用者に代わって事業を監督する者も使用者責任を負います。

(5) 設計や監理をした建築士の契約違反に対する責任の追及については、設計委託契約や監理業務委託契約に違反した場合に債務不履行

（契約不履行）による責任を追及することになります。建築士が建設会社に名義貸しをしていた場合は、建築士に不法行為責任を追及することになります。

　債務不履行（契約不履行）とは、債務者（債権者に対して行為をする義務を負う者）が正当な理由がないのに債務の本旨（債務の本来の目的）に従った給付（行為）をしなかったことをいいます。つまり、契約不履行、契約違反のことをいいます。債務不履行責任は、債権者・債務者の関係にある者（契約当事者）の間で発生しますが、不法行為責任は、契約関係のない者の間で生じます。

(6) 建築確認機関・検査機関（建築主事や民間指定確認検査機関）の不法行為責任の追及としては、①自治体の公務員である建築主事の不法行為（違法行為）に対しては国家賠償法に基づき自治体に対して損害賠償請求をすることになりますが、②民間指定確認検査機関の不法行為（違法行為）に対しては民法第709条・第715条の規定に基づいて損害賠償請求をすることになります。

(7) 「住宅の品質確保の促進等に関する法律」（品質確保法）による責任追及として、平成12年4月1日以降に請負契約を締結した新築注文住宅については、①住宅のうち構造耐力上主要な部分と、②住宅のうち雨水の浸入を防止する部分については、注文者は、請負人に対して、建物の引渡を受けた時から10年間、(a)瑕疵修補請求、(b)瑕疵の修補に代わる損害賠償請求、(c)瑕疵の修補とともにする損害賠償請求をすることができます（品質確保法第87条第1項）。この規定に反する請負契約で注文者に不利なものは、無効とされます（品質確保法第87条第2項）。「住宅の品質確保の促進等に関する法律」の詳細は、本章Q25で説明します。

Q23 建売住宅で欠陥住宅をつかんでしまった場合は、どうするのですか

1 建売住宅の瑕疵（欠陥）とは何か

(1) 建売住宅は売買契約により取得しますが、売買契約とは、当事者の一方（売主）がある財産権（住宅所有権）を相手方（買主）に移転することを約束し、相手方（買主）がその代金を支払うことを約束する契約をいいます（民法第555条）。売買契約による売主の瑕疵担保責任（欠陥から生ずる責任）として、建売住宅の売主は、建売住宅に「隠れた瑕疵」があったときは、買主に対して瑕疵担保責任を負うこととされています（民法第570条）。「隠れた瑕疵」とは、買主が通常要求される程度の注意をしていても発見することのできない瑕疵（欠陥）をいいます。買主が瑕疵（欠陥）の存在を知らず、かつ、知らないことに過失がないことが必要です。売主の瑕疵担保責任は、売主に過失がなくても負う無過失責任とされています。

(2) **建売住宅の「欠陥」も、Q22で述べた注文住宅の場合と同様に、その建売住宅が売買契約に適合していないことをいいます**。この場合の瑕疵も、Q22で述べた通り、雨漏り、床の傾斜、漏水、壁のひび割れ、地盤沈下などの欠陥現象をいうのではなく、それらの欠陥現象の原因をいいます。その欠陥現象の原因が売買契約書に規定する瑕疵に該当するかどうかが判断基準となりますが、売買契約書の契約内容を補充する「瑕疵の判断基準」が必要になります。瑕疵の判断基準についてもQ22で述べた通りです。**瑕疵の有無は最終的には裁判所が判断します**。

2 建売住宅での欠陥住宅被害の対応

(1) 建売住宅での欠陥住宅被害の典型例にも、新築住宅なのに雨漏り

がする、壁にひび割れ（亀裂）ができた、床が傾いている、漏水がある、地盤沈下があるなどの欠陥現象があります。これらの欠陥現象は誰でも見ればよく分かりますが、これらの原因を突き止めるには注文住宅同様困難な場合が多く、他の箇所にも欠陥がある場合が多いのです。
(2) 建売住宅被害に対応する場合も、Q 22 で述べた通り一般に次のような手順で対応します（Q 22 の 2 参照）。

> ① 一級建築士に欠陥現象についての相談をする。
> ② 一級建築士に欠陥現象についての建物調査を依頼する。
> ③ 一級建築士の建物調査の結果に基づいて売主に修繕計画を照会する。
> ④ 建物調査の結果と修繕計画に基づいて売主に修繕を依頼する。
> ⑤ 修繕をしない箇所については内容証明郵便で修繕を催促する。
> ⑥ 損害賠償請求訴訟などの民事訴訟の証拠を収集する。
> ⑦ 民事訴訟を本人訴訟でできない場合は弁護士を探す。
> ⑧ 民事訴訟に協力して貰う一級建築士を探す。

　建売住宅の売主と建売住宅を建築した建築業者が異なる場合も多いのですが、あくまでも売買契約の当事者である売主に瑕疵（欠陥）の修繕を求めることとします。

3　建売住宅の欠陥の責任追及

(1) 建売住宅の譲渡は売買契約によりますから、その売買契約書に規定していない事項は民法の売買契約の規定が適用されます。法律的には売買契約の成立には契約書の作成は必要とされていませんが、実際には建売住宅では詳細な契約条項を定めた売買契約書が作成されます。建売住宅の欠陥住宅訴訟においては、売買契約書が裁判所の最も重要な判断基準とされますから、売買契約書の作成には細心

の注意が必要です。

(2) 建売住宅の欠陥の責任追及の方法としては、①売買契約に基づく売主の瑕疵担保責任（欠陥から生ずる責任）の追及、②売主の従業員の不法行為（故意または過失により他人の権利を侵害する行為）による売主（使用者）と従業員への責任追及、③設計や監理をした建築士の不法行為に対する責任の追及、④建築確認機関・検査機関（建築主事や民間指定確認検査機関）の不法行為責任の追及、⑤欠陥工事をした建築会社の不法行為責任の追及などが考えられます。民事訴訟の実務では、これらの責任を有する者全員を被告として訴えを提起します。

(3) 売買契約に基づく売主の瑕疵担保責任（欠陥から生ずる責任）として、民法第570条は、売買の目的物（建売住宅）に「隠れた瑕疵」があったときは、買主は、その瑕疵の存在を知った時から1年以内に、①売主に対して損害賠償請求をすることができ、②隠れた瑕疵によって売買契約をした目的を達することができない場合は売買契約を解除して損害賠償請求をすることもできると規定しています。ただ、目的物（建売住宅）の瑕疵に相応する代金減額請求はできないと解されています（最高裁昭和29年1月22日判決）。

　最高裁平成13年11月27日判決では、損害賠償請求権の消滅時効期間の10年を経過した後に瑕疵の存在を知って1年以内に訴えを提起した場合は、消滅時効期間の経過により損害賠償請求はできないとされています。

(4) 売主の従業員の不法行為（故意または過失により他人の権利を侵害する行為）による売主（使用者）と従業員への責任追及として、Q22で述べた通り、①従業員には民法第709条による不法行為責任、②請負人には民法第715条の使用者責任を追及することになりますが、実際には、資力のない従業員より請負人を被告とすることになります。

(5) 設計や監理をした建築士の不法行為に対する責任追及としては、

建築基準法その他の法令違反の違法行為（不法行為）による責任を追及することになります。

(6) 建築確認機関・検査機関（建築主事や民間指定確認検査機関）の不法行為責任の追及としては、①自治体の公務員である建築主事の不法行為（違法行為）に対しては国家賠償法に基づき自治体に対して損害賠償請求をすることになりますが、②民間指定確認検査機関の不法行為（違法行為）に対しては民法第709条・第715条の規定に基づいて損害賠償請求をすることになります。

(7) 欠陥工事をした建築会社の不法行為責任の追及としては、建築基準法その他の法令違反の違法行為（不法行為）による責任を追及することになります。

(8) 「住宅の品質確保の促進等に関する法律」（品質確保法）による責任追及として、平成12年4月1日以降に売買契約を締結した新築建売住宅については、①住宅のうち構造耐力上主要な部分と、②住宅のうち雨水の浸入を防止する部分については、買主は、売主に対して、建物の引渡を受けた時から10年間、(a)民法第566条第1項の担保責任にもとづく請求（瑕疵の存在を知った時から1年以内の売主に対する損害賠償請求、隠れた瑕疵によって売買契約をした目的を達することができない場合の売買契約を解除しての損害賠償請求）、(b)民法第634条第1項の規定による瑕疵修補請求権の行使、(c)民法第634条第2項の規定による瑕疵修補に代わる損害賠償請求・瑕疵修補とともにする損害賠償請求をすることができます（品質確保法第88条第1項）。この規定に反する売買契約で買主に不利なものは、無効とされます（品質確保法第88条第2項）。「住宅の品質確保の促進等に関する法律」の詳細は、本章Q25で説明します。

Q24 欠陥マンションをつかんでしまった場合は、どうするのですか

1 欠陥マンションの欠陥とは

(1) マンションも一戸建て建売住宅と同様に売買契約によって取得しますから、Q23の建売住宅で述べた売主の瑕疵（欠陥）担保責任の規定が適用されます。瑕疵（欠陥）の意味もQ22やQ23で述べた通りです。しかし、マンションの欠陥の内容は一戸建て建売住宅とは異なる場合も多く、平成17年11月に国土交通省が公表した東京都、千葉県などのマンションやホテルの建築確認申請の構造計算書が偽造されていた事件では、建築基準法に規定する耐震強度の僅か26％しかなかったマンションやホテルもあり、住民の立ち退きやホテルの営業中止に追い込まれました。まさに命を脅かす重大な犯罪行為が行われたのです。この事件では、建築確認申請に対する確認機関や検査機関がまったく機能していなかったのです。

(2) マンションは、建物自体の瑕疵（欠陥）のほか、共用部分が複数の者の共有（共同所有）とされるので、権利関係でも多くの紛争を生じることが多いのです。建物自体の基本構造部分の欠陥は購入前には、ほとんど見抜くことは不可能です。例えば、前述した構造計算書の偽造は専門家でないと発見することはできませんし、専門家に調査を依頼した場合には多額の費用を要することになります。結局、買主は、マンションの購入に際しては売主の信用とか経済的資力しか判断材料がないことになります。

2 欠陥マンション被害の対応

(1) マンションの購入に際しては、完成前にモデルルームや宣伝パンフレットを見て売買契約を締結する場合も多いので、実際に入居し

た後に、モデルルームと異なる材質が使われていることに気づく場合も多いのです。このような場合は売買契約違反となりますので、売買契約書を契約前に十分チェックしておく必要があります。完成後に入居した場合でも、「床がきしむ」「床が傾いている」「結露やカビの発生がひどい」「上階からの生活音がうるさい」「内壁にひび割れができた」「壁に漏水がある」「建具が閉まらなくなった」「シックハウス症候群の症状が出た」「戸に隙間ができた」「内壁のクロスにしみができた」などの欠陥現象を発見することが多いのです。

(2) 欠陥マンション被害の対応として、まず売買契約書の瑕疵担保責任の規定と契約の解除の規定をよく調べることが大切です。自分の専有部分（自分の区分所有権の目的となっている部分）に欠陥を発見した場合には、Q23の建売住宅で述べた通り、売主に欠陥現象についての調査と必要な補修計画を照会します。照会前に一級建築士に建物調査を依頼するのが望ましいのですが、相当の費用がかかりますので、最初は売主に照会します。照会に対する回答は文書で貰うようにします。照会の手順についてはQ22の注文住宅で述べた通りです（照会書については本書の著者による『欠陥住宅被害・対応マニュアル』（緑風出版）23頁以下参照）。

マンションの共用部分（専有部分以外の部分）に欠陥を発見した場合には、マンション管理組合（区分所有者全員で構成する団体）に通知をしてマンション管理組合で対応して貰います。自分の専有部分に欠陥を発見した場合にもマンション管理組合に通知しておくのが望ましいと言えます。

(3) 自分の専有部分の欠陥箇所について売主に照会した場合は、よほどの悪徳業者でない限り回答書を郵送してきます。一般に売主が欠陥を認める箇所と欠陥を認めない箇所がありますが、とりあえず、売主が欠陥を認めた箇所について補修をして貰います。売主が欠陥を認めない箇所については、水掛け論になりますから、専門家（一級建築士）に建物調査を依頼して「建物調査報告書」を作成して貰って、

専門家の見解をもとに再度の補修計画を照会します。建物調査の費用は、破壊検査（建物の材料や構造物を壊して検査すること）をしない場合は、一般に10万円程度で「建物調査報告書」を作成して貰うことができます。この「建物調査報告書」は、後日、民事訴訟を提起することになった場合の証拠（書証）とすることができます。

　自分の専有部分の欠陥箇所についての売主への対応手順は、次のようになります。

①　売主に対して欠陥箇所の補修計画を照会する（回答は書面で貰う）
②　売主が欠陥箇所と認めた箇所を直ちに補修することを求める（工事日程表、工事仕様書の提出を求める）
③　売主が欠陥箇所と認めない箇所について一級建築士に「建物調査報告書」の作成を依頼する（作成依頼の前に欠陥現象について相談をする）
④　売主に対して「建物調査報告書」に基づいて再度の補修計画を照会する（回答は書面で貰う）
⑤　売主が「建物調査報告書」の結果を認めない場合は、売主自身の調査結果の報告を求める
⑥　売主が回答しない場合や欠陥を認めない場合は、「内容証明郵便」で補修を求める
⑦　損害賠償請求などの民事訴訟の証拠を収集し整理する
⑧　民事訴訟を本人訴訟でできない場合は弁護士を探す（欠陥住宅訴訟の経験のある者に依頼する）
⑨　弁護士に協力して貰う一級建築士を探す（建物調査報告書を作成した者が望ましいが、弁護士が探す場合もある）

　マンションの売主とマンションを建築した建築業者が異なる場合が多いのですが、あくまでも売買契約の当事者である売主に瑕疵（欠

陥)の補修を求めることとします。

(4) マンションの共用部分の欠陥箇所については、マンション管理組合が専門家（一級建築士や弁護士）と相談をして対応することになります。マンション管理を管理会社に委託している場合も、マンション管理組合が直接専門家と相談をして必要な場合には弁護士から売主に補修計画の提出を求めます。マンション管理を委託している管理会社が売主の子会社のような場合は、入居者に不利益な解決方法を提案することが多いので、費用はかかりますが、第三者の弁護士に売主との交渉を委任するのが適当です。ただ、弁護士にも欠陥住宅事件を扱ったことのない者や売主の依頼を受けた経験のある者もいますから、弁護士の選定は慎重にする必要があります。

(5) マンション管理組合には設計図書（工事用の図面や仕様書）、建築確認申請書副本（構造計算書も含まれます）、竣工図その他のマンション建築関係書類を備えつけておく必要があります。これらの関係書類は管理組合の組合員（入居者）がいつでも閲覧することができるようにしておきます。マンション管理会社が図面類を必要とする場合は、必要の都度、契約により秘密保持の条件を付して必要な部分の写し（コピー）を貸し出すようにします。マンション管理会社に契約違反があった場合は、その管理会社を変更する必要があります。これらの関係書類をマンション管理組合に備え付けている場合は、必要により構造計算書の耐震強度の再計算を一級建築士に依頼することもできます。ただし、一級建築士は「構造」を専門とする者に依頼する必要があり、費用も数十万円はかかります。

3　マンションの欠陥の責任追及

(1) マンションの分譲は売買契約によりますから、売買契約書に規定していない事項は民法の売買契約の規定が適用されます。欠陥マンションに関する民事訴訟では、売買契約書が裁判所の最も重要な判断基準となりますから、売買契約書の作成には細心の注意が必要で

す。ただ、マンションの分譲は多数の者に同一の売買契約条件で売買されますから、実際には民法の契約自由の原則のうち「契約を締結するか否かの自由」しかないのが現実です。買主に不利な契約条件になっていても、実際には変更を求めることはできないのです。

(2) マンションの欠陥の責任追及の方法は、マンションが、①区分所有権の目的となる専有部分と、②共用部分（専有部分に属しない建物の部分）に分かれますから、①については専有部分の区分所有者が、②についてはマンション管理組合が原告となって民事訴訟を提起することになります。①②とも一般的にはＱ23の建売住宅で述べた通り、(a)売買契約に基づく売主の瑕疵担保責任（欠陥から生ずる責任）の追及、(b)売主の従業員の不法行為による売主（使用者）と従業員への責任追及、(c)設計や監理をした建築士の不法行為に対する責任の追及、(d)建築確認機関・検査機関（建築主事や民間指定確認検査機関）の不法行為責任の追及、(e)欠陥工事をした建築会社の不法行為責任の追及などが考えられます。民事訴訟の実務では、これらの責任を有する者全員を被告として訴えを提起します。ただ、欠陥住宅訴訟は、主に技術論争になりますから、建築学の分からない裁判官に当たった場合には誤判決が出される可能性が高いので、判決の結論を予測することはできません。

(3) 「住宅の品質確保の促進等に関する法律」（品質確保法）による責任追及として、平成12年4月1日以降に売買契約を締結した新築マンションについては、次のＱ25で説明します。

Q25 「住宅の品質確保の促進等に関する法律」は、どのように利用するのですか

1 「住宅の品質確保の促進等に関する法律」とは
 (1) 「住宅の品質確保の促進等に関する法律」（品質確保法）の目的は、①住宅の性能に関する表示基準とこれに基づく評価の制度を設けて住宅に係る紛争の処理体制を整備するとともに、②新築住宅の請負契約（注文住宅）や新築住宅の売買契約（建売住宅・分譲マンション）における瑕疵担保責任（欠陥から生じる責任）について特別の定めをすることです。
 (2) 品質確保法に規定する「住宅」とは、人の居住の用に供する家屋や家屋の部分（人の居住の用以外の用に供する家屋の部分との共用に供する部分を含む）をいいます。
 (3) 品質確保法に規定する「新築住宅」とは、新たに建設された住宅で、まだ人の居住の用に供したことのないもの（建設工事の完了の日から起算して1年を経過したものを除く）をいいます。
 (4) 品質確保法の規定は、平成12年4月1日以降に契約がなされた新築住宅の注文住宅・建売住宅・分譲マンションに適用されます。
 　「住宅性能評価制度」については第2章のQ14で述べましたので、以下には、①新築住宅の注文住宅、②新築住宅の建売住宅・分譲マンションにおける瑕疵担保責任について述べることとします。

2 新築住宅の注文住宅における請負人の瑕疵担保責任の特例
 (1) 新築住宅の注文住宅における請負人の瑕疵担保責任について、品質確保法第87条は次のように規定しています。

住宅の品質確保の促進等に関する法律第87条

> ① 住宅を新築する建設工事の請負契約（住宅新築請負契約）においては、請負人は、注文者に引き渡した時から10年間、住宅のうち構造耐力上主要な部分または雨水の浸入を防止する部分として政令で定めるものの瑕疵（構造耐力または雨水の浸入に影響のないものを除く）について、民法第634条第1項および第2項前段に規定する担保の責任を負う。
> ② 前項の規定に反する特約で注文者に不利なものは、無効とする。
> ③ 第1項の場合における民法第638条第2項の規定の適用については、同項中「前項」とあるのは、「住宅の品質確保の促進等に関する法律第87条第1項」とする。

(2) 住宅のうち構造耐力上主要な部分として政令で定めるものは、次の通りです。

> 住宅の基礎、基礎ぐい、壁、柱、小屋組、土台、斜材（筋交い、方づえ、火打材その他これらに類するもの）、床版、屋根版または横架材（はり、けたその他これらに類するもの）で当該住宅の自重もしくは積載荷重、積雪、風圧、土圧もしくは水圧または地震その他の振動もしくは衝撃を支えるもの

(3) 住宅のうち雨水の浸入を防止する部分として政令で定めるものは、次の通りです。

> ① 住宅の屋根もしくは外壁またはこれらの開口部に設ける戸、わくその他の建具
> ② 雨水を排水するため住宅に設ける排水管のうち、当該住宅の屋根もしくは外壁の内部または屋内にある部分

(4) 請負人は注文者に対して **10 年間**「民法第 634 条第 1 項および第 2 項前段に規定する担保の責任を負う」と規定していますから、**注文者は請負人に対して**①民法第 634 条第 1 項に規定する瑕疵修補請求権を行使することができるほか、②民法第 634 条第 2 項の規定により瑕疵の修補に代わる損害賠償請求権または瑕疵の修補とともにする損害賠償請求権を行使することができます。

(5) 建物その他の土地の工作物が住宅の品質確保の促進等に関する法律第 87 条第 1 項の瑕疵（住宅のうち構造耐力上主要な部分または雨水の浸入を防止する部分として政令で定めるものの瑕疵）によって滅失または損傷したときは、注文者は、その滅失または損傷の時から 1 年以内に民法第 634 条の規定による権利（瑕疵修補請求権、損害賠償請求権）を行使しなければならないとされています（品質確保法第 87 条第 3 項、民法第 638 条第 2 項）。滅失または損傷が 10 年以内の時期（例えば、引渡から 3 年後）であっても、**その滅失または損傷の時から 1 年以内に権利を行使する必要があります**。つまり、欠陥を知った時から 1 年以内に請求しないと、権利がなくなってしまうのです。売買契約の場合も「隠れた瑕疵」の存在を知った時から 1 年以内に権利を行使する必要があります。

(6) 上の(4)の規定に反する特約で注文者に不利なものは、無効とされます。

(7) 請負人の 10 年間の瑕疵担保責任の期間は、両当事者間の契約によって 20 年以内まで伸長することができます。

3　新築住宅の建売住宅における売主の瑕疵担保責任の特例

(1) 新築住宅の建売住宅における売主の瑕疵担保責任について、品質確保法第 88 条は次のように規定（著者が一部補足）しています。

> 住宅の品質確保の促進等に関する法律第 88 条
> ①　新築住宅の売買契約においては、売主は、買主に引き渡した

> 時（当該新築住宅が住宅新築請負契約に基づき請負人から当該売主に引き渡されたものである場合にあっては、その引渡の時）から10年間、住宅のうち構造耐力上主要な部分または雨水の浸入を防止する部分として政令で定めるものの瑕疵（構造耐力または雨水の浸入に影響のないものを除く）について、民法第570条において準用する同法第566条第1項並びに同法第634条第1項および第2項前段に規定する担保の責任を負う。この場合において、同条第1項および第2項前段中「注文者」とあるのは「買主」と、同条第1項中「請負人」とあるのは「売主」とする。
> ② 前項の規定に反する特約で買主に不利なものは、無効とする。
> ③ 第1項の場合における民法第566条第3項の規定の適用については、同項中「前2項」とあるのは「住宅の品質確保の促進等に関する法律第88条第1項」と、「又は」とあるのは「、瑕疵修補又は」とする。

(2) 住宅のうち構造耐力上主要な部分として政令で定めるものは、前ページ（注文住宅）の通りです。

(3) 住宅のうち雨水の浸入を防止する部分として政令で定めるものは、前ページ（注文住宅）の通りです。

(4) 売主は買主に対して**10年間**「民法第570条において準用する同法第566条第1項並びに同法第634条第1項および第2項前段に規定する担保の責任を負う」と規定していますから、**買主は売主に対して①民法第566条第1項に規定する売買契約の解除権の行使または損害賠償請求権の行使ができるほか、②民法第634条第1項の規定による瑕疵修補請求権の行使、③民法第634条第2項の規定による瑕疵の修補に代わる損害賠償請求権の行使または瑕疵の修補とともにする損害賠償請求権の行使をすることができます。**この場合において民法第634条第1項および第2項前段中「注文者」とあるのは「買主」と、

民法第634条第1項中「請負人」とあるのは「売主」と読み替えますから、上記①②③のような権利を行使することができます。

(5) 住宅の品質確保の促進等に関する法律第88条第1項の場合において、**契約の解除の請求、瑕疵修補の請求または損害賠償の請求は、買主が瑕疵が存在する事実を知った時から1年以内にしなければならないとされています**(品質確保法第88条第3項、民法第566条第3項)。売買契約の場合も「隠れた瑕疵」の存在を知った時から1年以内に権利を行使しなければならないのです。「隠れた瑕疵」の存在を知った時から1年以内に権利を行使しない場合は引渡から10年を経過していなくても(例えば、引渡後3年経過後に瑕疵の存在を知った時でも)権利の行使ができなくなります。

(6) 上の(4)の規定に反する特約で買主に不利なものは、無効とされます。

(7) 売主の10年間の瑕疵担保責任の期間は、両当事者間の契約によって20年以内まで伸長することができます。

付録●

付録1　欠陥住宅をつかまないためのチェックリスト

チェックリストの使用法

　このチェックリストは、①注文住宅の仕様書の作成時のチェック、②注文住宅の設計図書（建築用の各種図面と仕様書）の完成後のチェック、③建売住宅・マンションの購入前のチェックでその設計図書チェックや現地チェックに使用します。

① 　注文住宅の仕様書の作成時のチェックでは、設計者（建築士）に設計図書の作成を依頼する場合の仕様書の作成時に使用します。
② 　注文住宅の設計図書（建築用の各種図面と仕様書）の完成後に、設計者（建築士）とともにチェックリストに基づいてチェックをします。チェックリストの理解しにくい項目は建築士に尋ねます。
③ 　建売住宅・マンションの購入前のチェックでは、その建物の設計図書を一級建築士とともにチェックの際に使用します。設計図書を見せない業者からは購入しないことが大切です。

チェックリストの見方

　チェックリストの中には素人でも分かると思われるものや高度の専門的知識の必要なものがありますので、次の記号で区別しています。理解しにくい項目は建築士に尋ねます。次のB、Cの各項目のチェックは建築についての専門的知識が必要です。

> A……建築の素人でも分かると思われる項目
> B……建築についてのやや専門的知識が必要な項目
> C……建築についての高度の専門的知識が必要な項目
> M……マンション特有の項目（ABCのほかに付されている）

構造体（躯体）のチェック

- ○ 構造材の仕様（構造仕様書）のチェック
  - C 鋼材の規格など必要事項が仕様書や設計書に明記されているか
  - C 各種試験検査の頻度・方法が明記されているか
- ○ 地耐力、杭耐力、建物重量のチェック
  - C 建物総重量と地耐力または杭総耐力の比較をする
- ○ 杭のチェック
  - C 支持層は確認されているか（杭長、支持力）
  - C 杭の種類は適切か
- ○ 柱および梁の断面のチェック
  - C 構造図の柱、梁の断面リストにより必要な断面と鉄筋（鉄骨）量が入っているか
  - C 計算書と構造図が合っているか
  - C 継手の状態、柱と梁が同一面になる場合（外周など）の配筋、地中梁などの柱と梁の交叉部は適切か
- ○ 床配筋のチェック
  - C 適正スパンのスラブか
  - C スラブ厚は適正か
  - C スラブ配筋は適正か
- ○ 開口部、貫通部の補強のチェック
  - C 補強方法が明記されているか
  - C 納まり（部材などの仕上がりの合理性）上可能か
- ○ 設備機器などの基礎のチェック
  - C 構造図に配置が明記され構造計算時にチェックされているか（床補強、基礎配筋、躯体と直結か防水層の上か、など）
- ○ 収縮亀裂防止対策のチェック
  - C 収縮亀裂防止対策の考慮がなされているか（誘発目地の仕様、間隔、仕上げとの関係）
- ○ 鉄筋の防錆のチェック

  C 打放しの場合の増打ち寸法は適切か

屋根

 ○ 防水仕様のチェック
  B アスファルト防水、シート防水、塗膜防水は適正になされているか
  C 特殊下地（ALC板、PC板など）のジョイント部の仕様は適切か
 ○ 設備機器の基礎のチェック
  C 構造図に配置が明記され構造計算時にチェックされているか
 ○ 斜め壁のチェック
  A 外壁ではなく屋根とみなして必ず防水をしているか
 ○ 屋根の水勾配のチェック
  A 瓦葺き屋根の勾配は10分の4（1mにつき40cmの高さとする勾配）以上、金属板葺き屋根の勾配は10分の2以上になっているか
  A 非歩行用屋根の勾配は20分の1ないし50分の1となっているか
  A 歩行用屋根の勾配は50分の1ないし100分の1となっているか
 ○ 防水立ち上がり寸法のチェック
  A 水上（勾配の上部）で300ないし450mmはあるか
 ○ ルーフドレーン（屋根用排水漏斗）のチェック
  B 数、位置、大きさは適切か
  C 柱筋、梁主筋との位置関係に問題はないか
 ○ 竪樋のチェック
  B 管径は適切か
  B 位置は平面図のほか立面図でもチェックしたか
  A 竪樋は建物の外に出しているか
 ○ 丸環のチェック
  B・M 必要な箇所に設置されているか
 ○ トップライト（天井の明かり取り窓）のチェック
  A 既製品が採用されているか（既製品が良い）

C　既製品でない場合はシール、ジョイントなどにより浸入水を排水できる納まりになっているか
　　C　防水層とはアゴ等で縁を切っているか
　　C　網入りガラスは錆による割れ防止処理やガラス取り替えが可能な納まりになっているか
○　防水保護層の伸縮目地のチェック
　　B　目地幅は一般部20㎜程度、周辺部30〜40㎜としているか
○　塔屋（屋上に突出した部分）・屋上の出入り口のチェック
　　B・M　出入り口が防水アゴの上になっているか
○　軒樋・谷樋のチェック
　　B　幅や高さの寸法は適切か
　　B　谷樋は避けることはできないか
○　金属板の屋根のチェック
　　A　金属板の屋根に屋根貫通はないか（できるだけ避ける）
○　パラペット（屋上の立ち上がり部分）の笠木（パラペット上部の保護部材）のチェック
　　A　金属笠木を使用しているか

外壁

○　仕上げ目地のチェック
　　C　構造体（軀体）誘発目地は考慮されているか
　　C　シーリング材の選定は適切か
○　外壁の汚れ防止のチェック
　　A　窓の水切りの出寸法は最低15㎜はあるか
　　C　目地シール材の選定は適切か（石などの仕上げ材が汚れないようにする）
○　メンテナンスの設備のチェック
　　A・M　清掃や補修などのための設備はあるか（丸環、クリーニングボルト、ゴンドラなど）

- ○ 結露防止策のチェック
  - A・M　マンションの屋内側に結露防止策（ウレタン吹き付けなど）がなされているか
  - B　木造住宅の場合のグラスウールの密度は適切か
- ○ 斜め壁面の防水処理のチェック
  - A・M　マンションの斜め壁には屋根に準じた防水処理がなされているか
- ○ 防錆のチェック
  - A　手摺り、笠木、看板などやそれらの取り付け金物の防錆処理はなされているか（臨海地区の場合は特に必要）

床

- ○ 土間のチェック
  - B　防湿シートは設置されているか
  - B　防湿シートの材質、厚みは適切か
  - B　長尺塩ビシート（クッションフロア）の接着剤は防湿性のものを使用しているか
- ○ 浴室・便所のチェック
  - B　ユニットバス以外の浴室では入り口廻りの納まり、防水層の立ち上がり、床水勾配は適切か
  - B　ユニットバスでは固定は十分になされているか
  - B　排水口と便器、スクリーン（汚水中の固形物を除去する装置）、洗面台との位置関係は適切か
- ○ 木造床のチェック
  - C　床鳴りに対する考慮はなされているか
  - A　床下換気口はあるか

内壁

- ○ 内壁面仕上げの割れのチェック

- B　ボード貼り面で吹き付けおよび塗装仕上げの場合は目透し（二つの部材の接合部で多少隙間をあけた目地の形状）処理がなされているか
- B　下地および構造が異なる場合は、必ず目地を設けているか
- C　階段室などの水平打継箇所のモルタル仕上げに目地を設けているか
- C　ブロック下地にモルタル塗りの場合はＧＬボードなどにしているか
- ○　間仕切り壁の天井裏仕切りのチェック
  - C　遮音性、防火区画などの必要な処理がなされているか
- ○　ボード壁のチェック
  - A　壁にかけるもの（洗面所、便所のタオル掛けなど）について必要な下地補強がなされているか

天井

- ○　天井点検口（床下点検口も同じ）のチェック
  - A　その位置は適切か（家具などで開かないことはないか）
  - C　意匠図と設備図との照合はしたか
- ○　岩綿類（石綿とは異なる耐火材）の吹き付けのチェック
  - C　ＲＣスラブ、キーストンプレート面への吹き付けは剝落しないか
  - C　吸音、断熱などの目的に応じてなされているか
- ○　モルタル塗りの上へのタイル貼りのチェック
  - B　モルタル塗りの上へのタイル貼りはないか（剝落するので止める）
- ○　グラスウールのチェック
  - B　グラスウールの密度は適切か

出入り口・窓

- ○　外部サッシ窓と出入り口ドアの漏水対策のチェック
   - A　臨海地区や風の強い地区では耐風型になっているか
   - B　耐風水密等級は適切か
   - A　ガラリ窓（羽板を隙間を開けて並べた窓）もその地域に適しているか
- ○　外倒し型排煙窓のチェック
   - C　水切りの取り付け、浸入水の排水方法は適切か
- ○　塔屋・屋上出入り口のチェック
   - A　吹き込み防止策としての庇が付いているか
   - A　吹き込み防止策としてのエアタイト型（気密型）のサッシが付いているか
   - C　浸入水が排水できる納まりになっているか
   - C　防水納まりで出入り口が防水アゴの上になっているか
- ○　使い勝手のチェック
   - A　開閉方向は適切か
   - A　把手、閉り金具の位置は適切か
- ○　熱線吸収ガラスのチェック
   - C　熱割れを起こさないか（カーテンとの距離は適切か）
- ○　外部窓の水切り部のチェック
   - A　水切りの材質は金属製になっているか（金属製が良い）
   - A　水切りの出は壁面から15㎜以上になっているか（15㎜以上とする）
- ○　窓の外の手摺りの取り付けのチェック
   - A　床面からの高さによって人が落ちないような手摺りがあるか
- ○　ガラスクリーニング用の設備のチェック
   - A　バルコニーのない場合のクリーニングボルト（メンテナンス用の命綱を付ける金物）は設置されているか
- ○　ガラリ窓（羽板を隙間を開けて並べた窓）のチェック
   - C　構造図と設備図との照合はしたか

階段、エレベーター

- 屋上点検用はしごのチェック
    - C・M 屋外（塔屋外壁）に取り付けているか（屋内取付より屋外がよい）
    - C・M タラップは梯子型になっているか（U字鉄筋打ち込みより梯子型がよい）
- 階段の手摺りのチェック
    - A 足元や端部(たんぶ)の固定方法は適切か（横揺れはないか）
    - A 手摺り子(こ)（手摺り下部からの落下防止のための格子状の部材）は子どもが落ちないような間隔になっているか
- 階段の滑り止めのチェック
    - A 階段にノンスリップ処理（滑り止め処理）がなされているか
- エレベーター・ピット（地下穴）のチェック
    - A・M 洪水時でもエレベーター・ピットに水が入らない位置にあるか（1階エレベーターの床の高さが洪水時でも水が入らない高さにあるか）
    - C・M 地下水位や位置により特別な防水・排水対策をしているか
- 鉄骨屋外階段のチェック
    - A 建物との取り合い（異種の部材の接合箇所）に錆による外壁の汚れの防止策をとっているか

家具・造作

- 吊り家具（食器棚など）のチェック
    - A 取付け方法は、適切か（上部の固定は充分か）
    - A 壁や天井に下地補強はしてあるか
- 流し台、洗面化粧台の設備図のチェック
    - C 配管、配線の位置は適切か
    - C 衛生器具の形状、寸法などは適切か

外構（建物の周辺）

- ○ 敷地内の庭や駐車場の排水
    - A 水勾配は適切か
    - C 排水面積と排水管径は適切か
    - B 排水ますの間隔は適切か
- ○ 犬走り（建物の外周部の平らな部分）のチェック
    - A 剥落のないコンクリート直押えとしているか（モルタル塗りにしない）
- ○ 樹木
    - C その種類と土壌・気候は適しているか
- ○ 外構構築物のチェック
    - A 花壇などと建築物本体とは離しているか（花壇などと建築物本体とは沈下量が異なるので離しておく必要がある）

設備関係

- ○ 電気分電盤のブレーカーのチェック
    - A 電気分電盤のブレーカーの数は十分あるか
    - A 台所、便所は専用になっているか
    - A 予備のブレーカーはあるか
- ○ インターネット設備のチェック
    - A 設備がインターネット対応になっているか
- ○ エアコン設備のチェック
    - A どの部屋もエアコンの設置は可能か
    - A エアコン設置用の穴はあるか
    - A エアコン用の電源はあるか
- ○ 各部屋のコンセントのチェック
    - A 各部屋のコンセントの数は十分あるか
    - A 各部屋のコンセントの位置は適切か

○　台所、風呂、便所の排気のチェック
　　A　台所、風呂、便所の排気は、それぞれ単独になっているか
○　各部屋の換気のチェック
　　A　各部屋の換気は十分にできる構造になっているか
○　完成後のチェック
　　A　風呂、流しの水栓から勢いよく水を出した後に急に止めた場合、大きな音（ウォーターハンマー現象）がしないか（大きな音がする場合は設計工事不良）
　　A　水栓から十分な水量が出るか（出ない場合は設計工事不良）

　　　　　　　　　　　　　　　　　　　　　　　　　　　　以上

付録2　建築確認申請に際して提出する構造計算書の種類と構造審査

1　建築確認申請の構造計算に関して提出する必要のある書面

建築確認申請の構造計算に関して提出する書面として次の書面が必要です。

(1)　構造計算書
(2)　国土交通大臣の認定を受けた構造計算プログラムの国土交通大臣の指定書
(3)　建築基準法に規定する構造方法または建築材料についての国土交通大臣の認定書
(4)　電算プログラム審査委員会の構造計算プログラムの性能評価書
(5)　国土交通大臣の定めるチェックリスト
(6)　構造計算プログラムの利用者証明書

2　構造計算書の種類

構造計算書には、次の3種類があります。

(1)　構造計算書（その1）

　　　構造計算書（その1）は、電算プログラム審査委員会で規定された項目に準じて構造計算プログラムで入力した主な計算条件、構造力学モデル、解析結果の要点および主要な入力データに関する所見を記した文書です。

(2)　構造計算書（その2）

　　　構造計算書（その2）は、構造計算プログラムによる構造計算に含まれない次の項目などの設計について、別途、手書きで説明した構造計算書です。

　① 　基礎フーチングおよび杭の設計
　② 　階段・塔屋および小屋組などの設計
　③ 　地下壁の設計

④ 屋根ふき材、外装材および屋外に面する帳壁〔ちょうへき〕(カーテンウォール)の設計
⑤ 仕口および継手の設計
⑥ 鉄骨の柱・はり接合部の設計
(3) 構造計算書(その3)

構造計算書(その3)は、構造計算プログラムにより出力されるすべての構造計算書です。建築確認申請において建築主事または指定確認検査機関の求めに応じて提出します。評価適用範囲の場合に限り各頁のヘッダーに認定番号、性能評価番号が記されます。評価適用範囲外となる場合は、認定番号、性能評価番号が出力されません。

3 構造審査

(1) 建築物は、自重および積載荷重に耐えるほか、地震その他の外力に対しても安全であることが必要ですが、その用途、構造種別、規模などによって条件が異なるので、構造審査において法令の基準への適合性を審査する必要があります。

(2) 構造審査とは、建築物の構造設計の段階において、①各種の仮定条件は満足するか、②計算方式は適正か、③施工上予定した条件が満たされるか等について、法令等(法律、政令、省令、告示、通達、内規)に照らして適法性を審査判定する業務をいいます。ただ、実際の設計では、法令だけでは建築物の設計に際して困難が生じる場合があるので、日本建築学会の権威ある機関の作成した各種の設計基準・計算基準を用いる場合もありますが、学会の基準が法令に抵触する場合は、法令の規定に従う必要があります。

付録3-1　構造計算書見本（電算出力の表紙）

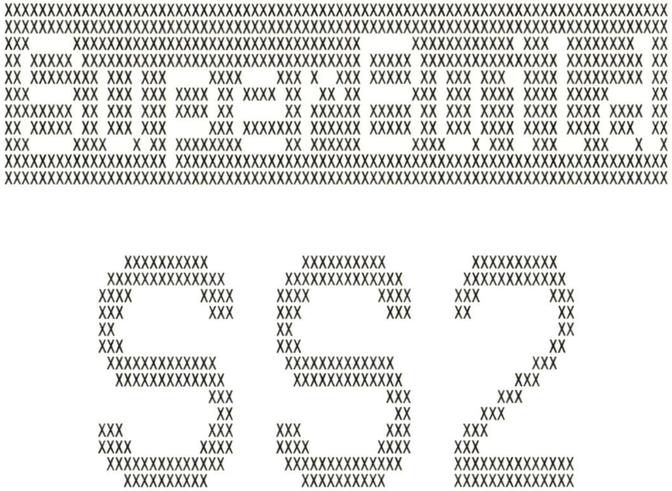

```
XXXXXXXXXXXXXXXXXXXXXXXXXXXXXXXXXXXXXXXXXXXXXXXXXXXXXXXXXXXXXX
XXXXXXXXXXXXXXXXXXXXXXXXXXXXXXXXXXXXXXXXXXXXXXXXXXXXXXXXXXXXXX
XXX   XXXXXXXX XXXX XXXX XXXXXX    XXXXXXXXX    XXXXXXXX XXXXXX
XX XXXXX XXX XXXXX XXX XXX     XXXX   XXX   XXX XXXXXXX XXX XXX
XX XXXXXXX XXX XXX       XXXX   XX XXX XX    XX   XXXXXX XXX XX
XXX     XXX XXX XXX     XX XXXX XX XX   XX  XX  XXX  XXXX XX XX
XXXXXXXX XXX XXX     XX XXXX XX XX XX   XX  XX  XX XXXX XX XX
XXX   XXXX X XXX XXX XXXX X XXX XXX X X
XXXXXXXXXXXXXXXXXXXXXXXXXXXXXXXXXXXXXXXXXXXXXXXXXXXXXXXXXXXXXX
```

```
   XXXXXXXXX        XXXXXXXXX        XXXXXXXXX
  XXXXXXXXXX       XXXXXXXXXX       XXXXXXXXXX
 XXXX    XXXX     XXXX    XXXX     XX     XXXX
 XXX      XXX     XXX      XXX            XXX
                   XX                      XX
 XXX              XXX                     XXX
 XXX              XXX                    XXX
XXXXXXXXXXX      XXXXXXXXXXX            XXX
XXXXXXXXXXX      XXXXXXXXXXX           XXX
         XXX              XXX         XXX
          XX               XX        XXX
 XXX     XXX     XXX      XXX      XXX
 XXXX    XXXX    XXXX    XXXX     XXXX
  XXXXXXXXXX      XXXXXXXXXX     XXXXXXXXXX
   XXXXXXXXX       XXXXXXXXX     XXXXXXXXXX
```

出力枚数　：　245ページ
ＳＩ単位入力

```
+------ for Windows ---------------------------- Ver. 2.20 ------+
|                                                                |
|     工事名：某マンション　新築工事                              |
|                                                                |
|     略　　称：マンション                                        |
|                                                                |
|     日　　付：2005/03/02                                        |
|                                                                |
|     担当者：                                                    |
|     ユーザーNo. : 141290              認定番号：TPRG-0044       |
|                                       性能評価番号：BCJ基評-CP0041-01 |
+------------------------ ユニオンシステム株式会社 --------------+
```

プログラム使用者番号

プログラム認定番号

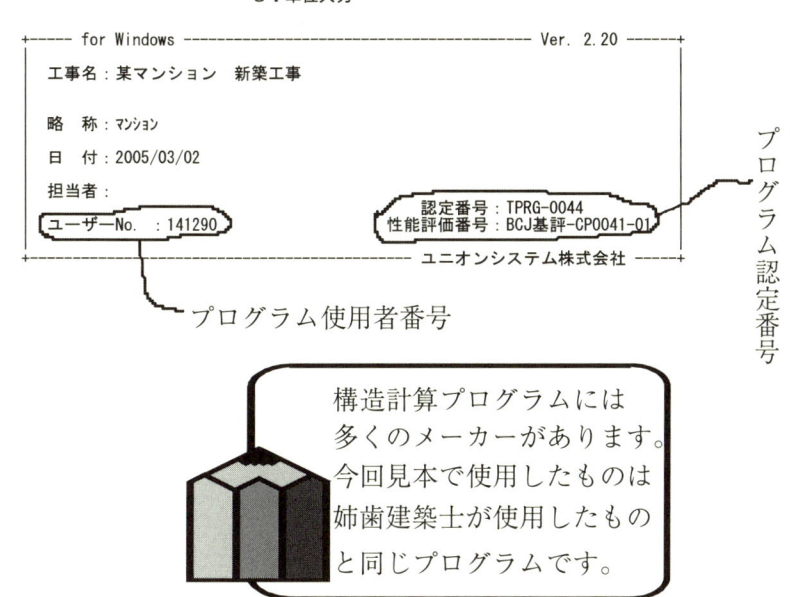

> 構造計算プログラムには
> 多くのメーカーがあります。
> 今回見本で使用したものは
> 姉歯建築士が使用したもの
> と同じプログラムです。

付録3-2　構造計算書見本（出力内容の目次）

```
*****  出力目次  *****
[1] 入力データＬＩＳＴ ･･････････････････････････ P.  1
 1.1 基本事項 ･･････････････････････････････････ P.  1
 1.2 計算条件 ･･････････････････････････････････ P.  1
 1.3 建物特殊形状 ･･････････････････････････････ P.  2
 1.4 使用材料 ･･････････････････････････････････ P.  2
 1.5 荷　重 ･･･････････････････････････････････ P.  3    ── 入力した地震力に関する係数
 1.6 部材形状登録 ･･････････････････････････････ P.  4        を表示
 1.8 形状配置 ･･････････････････････････････････ P.  6
 1.9 特殊荷重及び補正データ ････････････････････ P. 11
 1.12 断面算定 ･････････････････････････････････ P. 11
 1.13 基礎関連データ ･･･････････････････････････ P. 19
 1.15 保有水平耐力関連データ ･･･････････････････ P. 20
[2] 準備計算結果 ････････････････････････････････ P. 22
 2.1 計算条件 ･･････････････････････････････････ P. 22
 2.2 部材剛性 ･･････････････････････････････････ P. 23
 2.3 C, Mo, Qo ･････････････････････････････････ P. 34
 2.5 概算軸力 ･･････････････････････････････････ P. 42
 2.6 地震用重量 ････････････････････････････････ P. 44   ── 建物の各階の重量を表示
 2.7 地震力 ････････････････････････････････････ P. 45   ── 各階の地震力を表示
 2.8 風荷重 ････････････････････････････････････ P. 46
[3] 応力解析結果 ････････････････････････････････ P. 47
 3.1 計算条件 ･･････････････････････････････････ P. 47
 3.2 水平力・重心位置 ･･････････････････････････ P. 48
 3.3 変位量 ････････････････････････････････････ P. 49
 3.4 部材応力 ･･････････････････････････････････ P. 52
[4] 応力解析のまとめ ････････････････････････････ P.106
 4.1 長期軸力 ･･････････････････････････････････ P.106
 4.3 水平力分担 ････････････････････････････････ P.108
 4.5 浮き上がりのチェック ･･････････････････････ P.126
 4.6 偏心率 ････････････････････････････････････ P.127
 4.7 剛性率・層間変形角 ････････････････････････ P.130
 4.8 壁量柱量 ･･････････････････････････････････ P.132
 4.9 ルート判別表 ･･････････････････････････････ P.133
[5] 断面算定結果 ････････････････････････････････ P.134
 5.1 符号一覧図（梁）･･････････････････････････ P.134
 5.2 RC梁の断面算定 ･･････････････････････････ P.135
 5.7 符号一覧図（柱）･･････････････････････････ P.147
 5.8 RC柱の断面算定 ･･････････････････････････ P.148    ── 柱に入れる鉄筋の太さ、本数
 5.14 RC造,SRC造 大梁の最大たわみの検討 ･･････ P.159        を表示
 5.23 梁配筋リスト（平面）･･････････････････････ P.168
 5.24 柱配筋リスト（平面）･･････････････････････ P.173
 5.27 計算とＮＧ位置図（梁）････････････････････ P.176
 5.28 計算とＮＧ位置図（柱）････････････････････ P.177
[6] 部材耐力計算結果 ････････････････････････････ P.178
 6.1 終局耐力表 ････････････････････････････････ P.178
 6.2 ひび割れ耐力表 ････････････････････････････ P.195
[7] 保有水平耐力結果 ････････････････････････････ P.211
 7.1 応力図 ････････････････････････････････････ P.211
 7.4 破壊形式 ･･････････････････････････････････ P.229
 7.7 必要保有水平耐力 ･･････････････････････････ P.234   ── 地震に対する耐力を表示
 7.8 せん断設計 ････････････････････････････････ P.240
《終了時メッセージ》････････････････････････････ P.244
```

構造計算書は建物の柱、梁、壁、床が自然の力（地震、雪、風）に耐えられるように計算した書類です。

付録 3-3　構造計算書見本（耐震構造に関係する荷重）

```
*** Super Build / SS2-RC    *** TPRG-0044 BCJ基評-CP0041-01  [マンション]         Ver.2.20 PAGE- 4
                                                                                [入力データList]
(3) 積雪荷重
     積雪荷重の考慮       ： 考慮する（一般の場合）
     準拠する施行令       ： 平成12年
     単位重量             ： 20N/m2/cm
     垂直積雪量           ： 30cm

(4) 風荷重
     風荷重の考慮   X方向 ： 考慮する
                    Y方向 ： 考慮する
     準拠する施行令       ： 平成12年
     速度圧の低減率 X方向 ： 1.00
                    Y方向 ： 1.00
     地表面粗度区分       ： Ⅲ
     基準風速             ： 34.0m/s
     外圧係数 Cpe   風上側 ： 0.80*kz
                    風下側 ： -0.40
     内圧係数 Cpi         ： 0.00

(5) 地震力計算用データ
     地域係数 (Z)                         ： 0.90        P.H.階の水平震度                          ： 1.00
     用途係数 (I)                         ： 1.00        一次固有周期 (T) X方向                    ： 0.000 (内部計算)
     強度抵抗型の建築物にするための係数(Sp)： 1.00                          Y方向                    ： 0.000 (内部計算)
     地盤種別によるTc                    ： 0.60 秒    地震層せん断力係数の最小値 (Ci-min) X方向 ： 0.05
     標準せん断力係数 (一次設計用) X方向 ： 0.20                                                Y方向 ： 0.05
                                  Y方向 ： 0.20        地下部水平震度の最小値     (ki-min)  X方向 ： 0.05
     標準せん断力係数 (保有耐力用)        ： 1.00                                                Y方向 ： 0.05
```

地域係数は都道府県により決められた係数で0.9または、1.0で指定されている。

用途係数は建物の重要度により1.0以上で指定（一般の建物で1.0、重要な公共施設で1.25）

標準せん断力係数は建物重量に対して地震による水平力が働くかの割合を示す係数(0.2または0.3で指定)

```
1.6 部材形状登録
(1) 柱     [cm]

     No    Dx    Dy                              No    Dx    Dy

      1   100   110                              11    90   110
      2    65    80                              12    80    95
      3    60    75
      4    55    70
      5    55    65

      6    75    80
      7    65    75
      8    90    80
      9   100   110
     10   120   110

(2) 梁     [cm]
               ハンチ/--左端--------右端--------始端距離--/        ハンチ/--左端--------右端--------始端距離--/
     No    B    D    Be  De    Be  De   左端   右端      No    B    D    Be  De    Be  De   左端   右端

      1   40    70                                       11   78    90
      2   45    75                                       12   80   110    90  130   90  130  250.0  250.0
      3   45    80                                       13   70    80
      4   70   110                                       14   50    85
      5   70   200                                       15   80   110

      6   30    60                                       16   50    80
      7   30    70                                       17   85   220
      8   35    70
      9   55    75
     10   60    80

(3) 壁     [cm]  [N/m2]

     No   壁厚   仕上   単位重量                 No   壁厚   仕上   単位重量

      1   25.0   600                             6   12.0   600
      2   22.0   600                             7   26.0   600
      3   20.0   600
      4   18.0   600
      5   15.0   600

(5) 開口   [N/m2]  [cm]    <複数開口部の取り扱いは包絡する。>

     No 開口数 重量 タイプ   P1     P2     P3     P4     タイプ   P1     P2     P3     P4

      1    2   700    5   158.0  200.0   -1.0   0.0       6   158.0  200.0   -1.0   0.0
      2    3    70    5    85.0  195.0  190.0   0.0       6    65.0  195.0  160.0   0.0
                      6    30.0  195.0   -1.0   0.0
      3    2   700    5   158.0  200.0   -1.0   0.0       6   158.0  200.0   80.0   0.0
      4    3    70    5    85.0  195.0  200.0   0.0       5    65.0  195.0  160.0   0.0
                      6    30.0  195.0   -1.0   0.0
      5    1     0    5   100.0  100.0  170.0  130.0

(7) 小梁   [cm]  [N/m]

     No    B    D    単位重量

      1   30    55
      2   30    60
      3   30    70
      4   30    80
      5   25    60
```

181

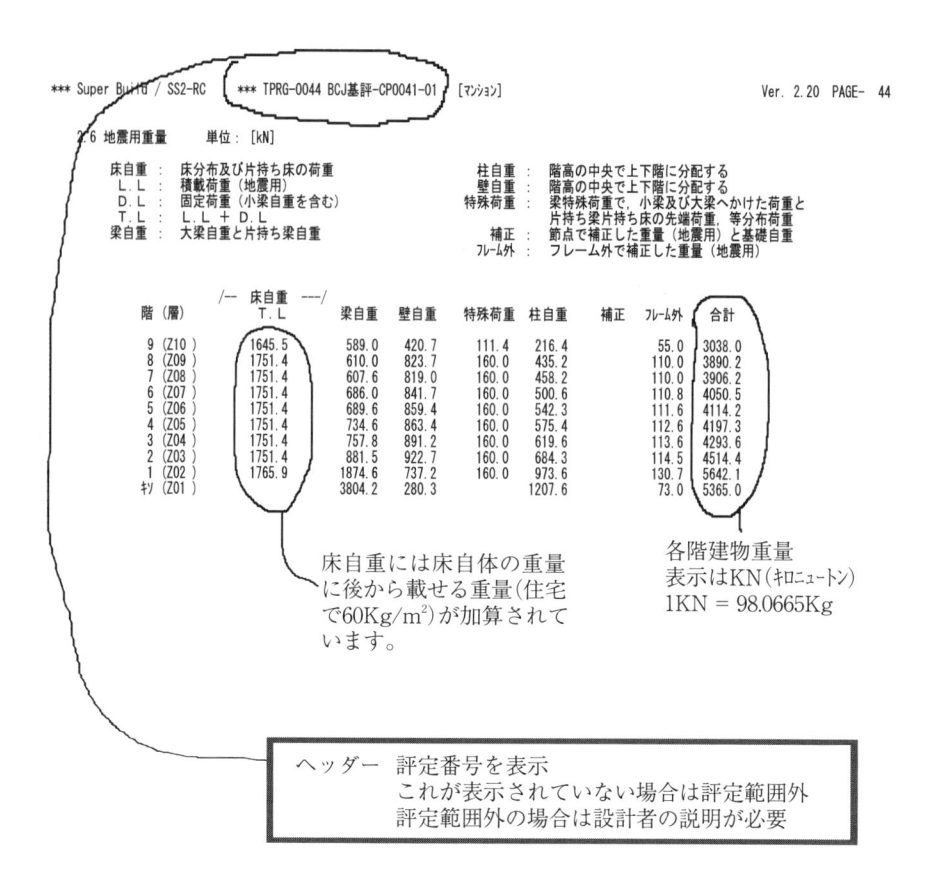

付録3-4　構造計算書見本（耐震構造に関係する地震用重量）

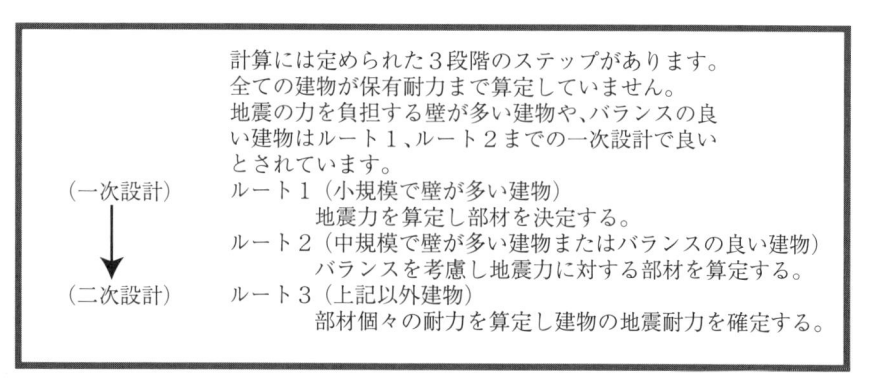

```
*** Super Build / SS2-RC    *** TPRG-0044 BCJ基評-CP0041-01  [マンション]           Ver. 2.20 PAGE- 44

 2.6 地震用重量    単位：[kN]

   床自重   ：   床分布及び片持ち床の荷重           柱自重  ： 階高の中央で上下階に分配する
   L.L     ：   積載荷重（地震用）                 壁自重  ： 階高の中央で上下階に分配する
   D.L     ：   固定荷重（小梁自重を含む）         特殊荷重： 梁特殊荷重で，小梁及び大梁へかけた荷重と
   T.L     ：   L.L ＋ D.L                                   片持ち梁片持ち床の先端荷重，等分布荷重
   梁自重  ：   大梁自重と片持ち梁自重             補正    ： 節点で補正した重量（地震用）と基礎自重
                                                  フレーム外： フレーム外で補正した重量（地震用）
```

階（層）	床自重 T.L	梁自重	壁自重	特殊荷重	柱自重	補正	フレーム外	合計
9 (Z10)	1645.5	589.0	420.7	111.4	216.4		55.0	3038.0
8 (Z09)	1751.4	610.0	823.7	160.0	435.2		110.0	3890.2
7 (Z08)	1751.4	607.6	819.0	160.0	458.2		110.0	3906.2
6 (Z07)	1751.4	686.0	841.7	160.0	500.6		110.8	4050.5
5 (Z06)	1751.4	689.6	859.4	160.0	542.3		111.6	4114.2
4 (Z05)	1751.4	734.6	863.4	160.0	575.4		112.6	4197.3
3 (Z04)	1751.4	757.8	891.2	160.0	619.6		113.6	4293.6
2 (Z03)	1751.4	881.5	922.7	160.0	684.3		114.5	4514.4
1 (Z02)	1765.9	1874.6	737.2	160.0	973.6		130.7	5642.1
ｷﾞｼ(Z01)		3804.2	280.3		1207.6		73.0	5365.0

床自重には床自体の重量に後から載せる重量（住宅で60Kg/m²）が加算されています。

各階建物重量
表示はKN（ｷﾛﾆｭｰﾄﾝ）
1KN ＝ 98.0665Kg

ヘッダー　評定番号を表示
　　　　　これが表示されていない場合は評定範囲外
　　　　　評定範囲外の場合は設計者の説明が必要

（一次設計）

↓

（二次設計）

計算には定められた３段階のステップがあります。
全ての建物が保有耐力まで算定していません。
地震の力を負担する壁が多い建物や、バランスの良い建物はルート１、ルート２までの一次設計で良いとされています。

ルート１（小規模で壁が多い建物）
　　地震力を算定し部材を決定する。
ルート２（中規模で壁が多い建物またはバランスの良い建物）
　　バランスを考慮し地震力に対する部材を算定する。
ルート３（上記以外建物）
　　部材個々の耐力を算定し建物の地震耐力を確定する。

付録 3-5　構造計算書見本（耐震構造に関係する地震力）

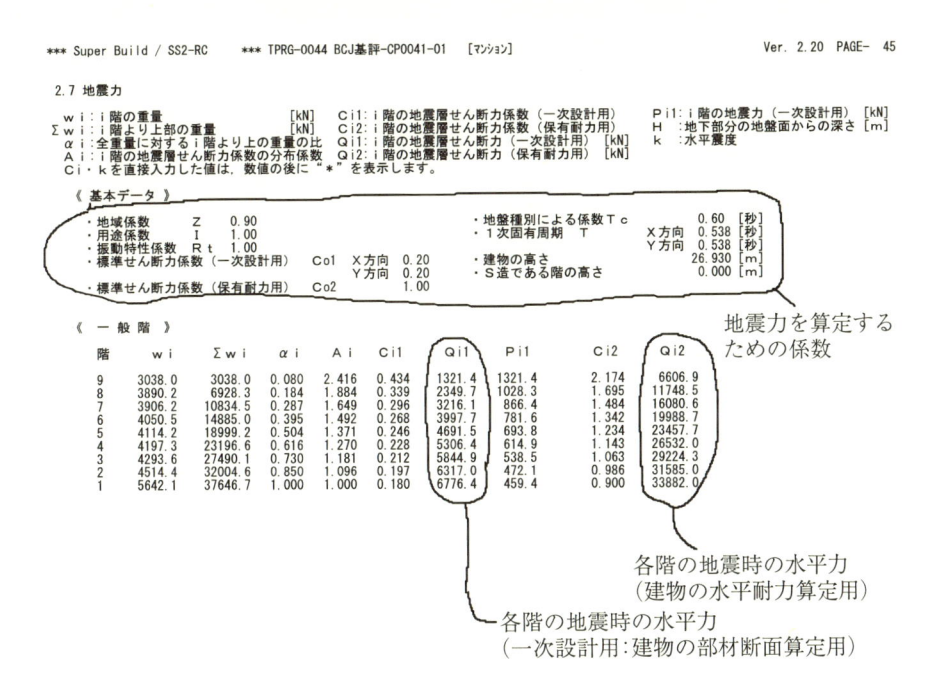

```
*** Super Build / SS2-RC     *** TPRG-0044 BCJ基評-CP0041-01   [マンション]              Ver. 2.20  PAGE- 45
2.7 地震力
    w i ：i 階の重量                    [kN]    Ci1：i 階の地震層せん断力係数（一次設計用）    Pi1：i 階の地震力（一次設計用）  [kN]
   Σw i：i 階より上部の重量             [kN]    Ci2：i 階の地震層せん断力係数（保有耐力用）    H  ：地下部分の地盤面からの深さ   [m]
    αi：全重量に対する i 階より上の重量の比    Qi1：i 階の地震層せん断力（一次設計用）    [kN]    k  ：水平震度
    Ai：i 階の地震層せん断力係数の分布係数    Qi2：i 階の地震層せん断力（保有耐力用）    [kN]
    Ci・k を直接入力した値は，数値の後に " * " を表示します。

《 基本データ 》
    ・地域係数      Z    0.90              ・地盤種別による係数 Tc           0.60  [秒]
    ・用途係数      I    1.00              ・1次固有周期     T     X方向   0.538  [秒]
    ・振動特性係数  Rt   1.00                                   Y方向   0.538  [秒]
    ・標準せん断力係数（一次設計用）  Co1  X方向 0.20    ・建物の高さ              26.930  [m]
                                          Y方向 0.20    ・S造である階の高さ        0.000  [m]
    ・標準せん断力係数（保有耐力用）  Co2         1.00

《 一 般 階 》
 階     wi       Σwi       αi      Ai     Ci1     Qi1      Pi1     Ci2      Qi2
 9    3038.0    3038.0    0.080   2.416   0.434   1321.4   1321.4   2.174    6606.9
 8    3890.2    6928.3    0.184   1.884   0.339   2349.7   1028.3   1.695   11748.5
 7    3906.2   10834.5    0.287   1.649   0.296   3216.1    866.4   1.484   16080.6
 6    4050.5   14885.0    0.395   1.492   0.268   3997.7    781.6   1.342   19988.7
 5    4114.2   18999.2    0.504   1.371   0.246   4691.5    693.8   1.234   23457.7
 4    4197.3   23196.6    0.616   1.270   0.228   5306.4    614.9   1.143   26532.0
 3    4293.6   27490.1    0.730   1.181   0.212   5844.9    538.5   1.063   29224.3
 2    4514.4   32004.6    0.850   1.096   0.197   6317.0    472.1   0.986   31585.0
 1    5642.1   37646.7    1.000   1.000   0.180   6776.4    459.4   0.900   33882.0
```

地震力を算定するための係数

各階の地震時の水平力
（一次設計用：建物の部材断面算定用）

各階の地震時の水平力
（建物の水平耐力算定用）

地震時に建物の横からかかる力（一次設計時） ＝ 建物重量×地域係数×用途係数×標準せん断力係数
　　　　　　　　　　　　　　　　　　　　　　　×Ai分布係数（建物の高さによる割増し係数）

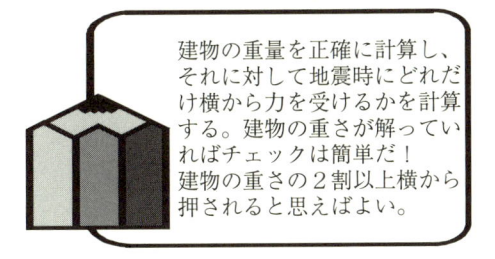

建物の重量を正確に計算し、それに対して地震時にどれだけ横から力を受けるかを計算する。建物の重さが解っていればチェックは簡単だ！建物の重さの２割以上横から押されると思えばよい。

付録 3-6　構造計算書見本
（耐震構造に関係するＲＣ柱の断面算定）

```
*** Super Build / SS2-RC    *** TPRG-0044 BCJ基評-CP0041-01  [マンション]
                                                                         Ver. 2.20  PAGE- 158
                                                                        [ＲＣ柱断面算定]
       コンクリート      長期   短期     鉄筋 異形   -D13  [SD295A]    丸鋼  -R13 [SR235]
       Fc 27.0  fc  8.98 17.98             D16-D29   [SD345]          R16- [SR295]    記号(U)は高強度せん断補強筋
        (普通)     fs  0.76  1.14            D32-    [SD390]                            ウルボンを表す。
```

コンクリートの強度を示す。

```
[ 1C1  ]            部材長      NL       NS     NW1    NW2    NE1    NE2    QL     α    QAL   QS   QW    QE
[ 1   Y3  X2 ]  <X>  417.5    6377      29     244   -244  -2289  -2289   13 1.03  707    1   25  198
                <Y>  417.5              29      -3     -3   -136   -136    3 1.00  687    1  118  897
Dx*Dy  100  110      位置      ML'      MS'    MW1'   MW2'   ME1'   ME2'        Mu    梁Mu    Mud
主筋柱頭 6-D29  5-D29 <X>柱頭  33.8      34       1    -36     36   -278    278         4125       0  4125
   柱脚 6-D29  5-D29 <X>柱脚  73.7     -19      -1    -42    -42    336   -336         4125    9946  4125
フープ   4-U13  4-U13 <Y>柱頭  51.3      11       1   -153   -153  -1144   1144         3765    4466  2432
ピッチ   @100   @100 <Y>柱脚  71.2      -2      -1   -194   -194  -1501  -1501         3765    9633  3765
                              N         M          設計at    MAL    MAS         内法    QD               Pw      QAS
 dt =  6.0          <X>柱頭  4089    311 L+E2    38.52    907    2451         260.0   409 L+E          0.45%   1973
                    <X>柱脚  4089   -355 L+E2    38.52    907    2451         260.0   409 L+E          0.45%   1973
                    <Y>柱頭  6514   1559 L+E2    57.78    1596   2587         240.0  1798 L+E          0.50%   2106
                    <Y>柱脚  6242   1503 L+E1    32.10    969    2586         240.0  1798 L+E          0.50%   2106

[ 1C2  ]            部材長      NL       NS     NW1    NW2    NE1    NE2    QL     α    QAL   QS   QW    QE
[ 1   Y5  X3 ]  <X>  417.5    2276      10    -191   191   -2425  -2425    1.00  683
                <Y>  417.5              10     284   -284   1810  -1810   29 1.20  831         1   85  625
Dx*Dy  100  110      位置      ML'      MS'    MW1'   MW2'   ME1'   ME2'        Mu    梁Mu    Mud
主筋柱頭 4-D29  9-D29 <X>柱頭   0.0       0       0      0      0      0      0         2683       2683
   柱脚 4-D29  9-D29 <X>柱脚   0.0       0       0      0      0      0      0         2683       2683
フープ   2-U13  2-U13 <Y>柱頭  31.3     -71      -1   -124    124   -906    906         3683    1288   371
ピッチ   @100   @100 <Y>柱脚  71.2      50      -1    144   -144  -1061  -1061         3683    7322  3683
                              N         M          設計at    MAL    MAS         内法    QD               Pw      QAS
 dt =  6.0          <X>柱頭  -149       0 L+E1    25.68   1085   1116   耐震壁付  260.0                   0.22%   1368
                    <X>柱脚  -149       0 L+E1    25.68   1085   1116         260.0                   0.22%   1368
                    <Y>柱頭   466     836 L+E2    57.78   1596   2198         260.0  1279 L+E          0.37%   1771
                    <Y>柱脚   466   -1011 L+E2    57.78   1596   2198         260.0  1279 L+E          0.37%   1771

[ 1C3  ]            部材長      NL       NS     NW1    NW2    NE1    NE2    QL     α    QAL   QS   QW    QE
[ 1   Y3  X4 ]  <X>  417.5    1987       9     253   -254   2453  -2453    1.00  683
                <Y>  417.5               9    -175    175  -1560   1560   26 1.24  857         1   68  461
Dx*Dy  100  110      位置      ML'      MS'    MW1'   MW2'   ME1'   ME2'        Mu    梁Mu    Mud
主筋柱頭 6-D29  8-D29 <X>柱頭   0.0       0       0      0      0      0      0         2945       2945
   柱脚 6-D29  8-D29 <X>柱脚   0.0       0       0      0      0      0      0         2945       2945
フープ   2-U13  2-U13 <Y>柱頭  31.3      61       1    -78     78   -530    530         3269     890   123
ピッチ   @100   @100 <Y>柱脚  71.2     -49      -1   -133   -133    921   -921         3269    3531  3269
                              N         M          設計at    MAL    MAS         内法    QD               Pw      QAS
 dt =  6.0          <X>柱頭  4438       0 L+E1    38.52   1225   2451   耐震壁付  260.0                   0.22%   1368
                    <X>柱脚  4438       0 L+E1    38.52   1225   2451         260.0                   0.22%   1368
                    <Y>柱頭   427    -470 L+E1    51.36   1528   2080         260.0   948 L+E          0.25%   1437
                    <Y>柱脚   427     872 L+E1    51.36   1528   2080         260.0   948 L+E          0.25%   1437

[ 1C4  ]            部材長      NL       NS     NW1    NW2    NE1    NE2    QL     α    QAL   QS   QW    QE
[ 1   Y5  X4 ]  <X>  417.5    2007       9     236   -236   2663  -2663    1.00  829
                <Y>  417.5               9     141   -141   1681  -1681   31 1.18  978         1   74  506
Dx*Dy  120  110      位置      ML'      MS'    MW1'   MW2'   ME1'   ME2'        Mu    梁Mu    Mud
主筋柱頭 6-D29  9-D29 <X>柱頭   0.0       0       0      0      0      0      0         3704       3704
   柱脚 6-D29  9-D29 <X>柱脚   0.0       0       0      0      0      0      0         3704       3704
フープ   2-U13  2-U13 <Y>柱頭  31.3     -77      -1    -83     83   -568    568         3564     890    69
ピッチ   @100   @100 <Y>柱脚  71.2      53      -1    148   -148   1027  -1027         3564    7308  3564
                              N         M          設計at    MAL    MAS         内法    QD               Pw      QAS
 dt =  6.0          <X>柱頭  4671       0 L+E1    38.52   1676   3361   耐震壁付  260.0                   0.22%   1659
                    <X>柱脚  4671       0 L+E1    38.52   1676   3361         260.0                   0.22%   1659
                    <Y>柱頭   328     490 L+E2    57.78   1797   2267         260.0  1043 L+E          0.20%   1590
                    <Y>柱脚   328    -612 L+E2    57.78   1797   2267         260.0  1043 L+E          0.20%   1590

[ 1C5  ]            部材長      NL       NS     NW1    NW2    NE1    NE2    QL     α    QAL   QS   QW    QE
[ 1   Y4  X3 ]  <X>  417.5    2658      13    -165    165  -1674   1674    1.00  312
                <Y>  417.5              13      -6     -6    -67     67    4 1.00  318         1   53  390
Dx*Dy   65   80      位置      ML'      MS'    MW1'   MW2'   ME1'   ME2'        Mu    梁Mu    Mud
主筋柱頭 3-D29  4-D29 <X>柱頭   0.0       0       0      0      0      0      0         1317       1317
   柱脚 3-D29  4-D29 <X>柱脚   0.0       0       0      0      0      0      0         1317       1317
フープ   2-U13  4-U13 <Y>柱頭  38.8      -9       0    -78     78   -574    574         1442    2395  1442
ピッチ   @100   @100 <Y>柱脚  78.7       6       0    -81    -81   -598   -598         1442    6178  1442
                              N         M          設計at    MAL    MAS         内法    QD               Pw      QAS
 dt =  6.0          <X>柱頭   985       0 L+E1    19.26    321    637   耐震壁付  328.7                   0.31%    728
                    <X>柱脚   985       0 L+E1    19.26    321    637         328.7                    0.31%    728
                    <Y>柱頭  2592    -582 L+E1    25.68    427   1018         260.0   785 L+E          0.76%   1307
                    <Y>柱脚  2592     603 L+E1    25.68    427   1018         260.0   785 L+E          0.76%   1307

[ 1C6  ]            部材長      NL       NS     NW1    NW2    NE1    NE2    QL     α    QAL   QS   QW    QE
[ 1   Y4         ]  <X>  417.5    2321      12     177   -177   1808  -1808    1.00  268
                <Y>  417.5              12     -19     19    -25    -25    1 1.26  345         0   42  288
Dx*Dy   60   75      位置      ML'      MS'    MW1'   MW2'   ME1'   ME2'        Mu    梁Mu    Mud
主筋柱頭 3-D29  3-D29 <X>柱頭   0.0       0       0      0      0      0      0         1135       1135
   柱脚 3-D29  3-D29 <X>柱脚   0.0       0       0      0      0      0      0         1135       1135
フープ   3-U13  3-U13 <Y>柱頭  40.0      -3       0    -60     60   -409    409         1106    1617  1106
ピッチ   @100   @100 <Y>柱脚  79.9       4       0    -65    -65   -448    448         1106    5637  1106
                              N         M          設計at    MAL    MAS         内法    QD               Pw      QAS
 dt =  6.0          <X>柱頭  4129       0 L+E1    19.26    257     55   耐震壁付  328.7                   0.50%    820
                    <X>柱脚  4129       0 L+E1    19.26    257     55         328.7                    0.50%    820
                    <Y>柱頭  2297    -412 L+E1    19.26    257    648         260.0   579 L+E          0.62%    972
                    <Y>柱脚  2297     450 L+E1    19.26    257    648         260.0   579 L+E          0.62%    972
```

常時上から下へ柱を押す力を示す。

地震時柱を曲げようとする力を示す。

地震を負担する壁が付いていることを示す。

鉄筋の太さと本数を示す（60センチ×75センチの柱に全部で8本の29mm径の鉄筋が入れてある。）

Y方向3本

X方向3本

フープ（帯筋－柱主筋を外に広がらないように巻いている鉄筋、間隔は10cm以下）

U13印は13mmの高強度筋を示す。
D13印は普通の13mmを示す（このページにはない）。

付録 3-7　構造計算書見本
（耐震構造に関係する必要保有水平耐力）

```
*** Super Build / SS2-RC    *** TPRG-0044 BCJ基評-CP0041-01  【マンション】              Ver. 2.20  PAGE- 240
```

(5) 必要保有水平耐力比較表

バランスによる割増し係数　　　　　　　　地震耐力を示す（1.0以上が可）

※※　地震力：X方向　左→右加力　※※　指定最大層間変形角に達した。最終STEP=67

階	主体構造	Qud	Ds値	Fes値	Qun	Qu	Qu/Qun	判定	層間変位	層間変形角
9	RC造	6606.9	0.40	1.000	2642.7	3968.3	1.50	OK	0.286	1/ 983
8	RC造	11748.4	0.40	1.000	4699.3	7056.5	1.50	OK	0.292	1/ 960
7	RC造	16080.5	0.40	1.000	6432.2	9658.4	1.50	OK	0.295	1/ 955
6	RC造	19988.6	0.40	1.000	7995.4	12005.8	1.50	OK	0.293	1/ 975
5	RC造	23457.6	0.40	1.000	9383.0	14089.3	1.50	OK	0.285	1/ 1007
4	RC造	26531.9	0.40	1.000	10612.7	15935.9	1.50	OK	0.268	1/ 1084
3	RC造	29224.3	0.40	1.000	11689.7	17553.0	1.50	OK	0.242	1/ 1212
2	RC造	31584.9	0.40	1.000	12633.9	18970.9	1.50	OK	0.235	1/ 1310
1	RC造	33881.9	0.45	1.000	15246.8	20350.5	1.33	OK	0.216	1/ 1925

※ Fes値には雑壁を考慮する

建物が持っている水平耐力
必要な水平耐力

※※　地震力：X方向　右→左加力　※※　指定最大層間変形角に達した。最終STEP=65

階	主体構造	Qud	Ds値	Fes値	Qun	Qu	Qu/Qun	判定	層間変位	層間変形角
9	RC造	6606.9	0.40	1.000	2642.7	3868.0	1.46	OK	0.280	1/ 1001
8	RC造	11748.4	0.40	1.000	4699.3	6878.1	1.46	OK	0.287	1/ 978
7	RC造	16080.5	0.40	1.000	6432.2	9414.3	1.46	OK	0.290	1/ 973
6	RC造	19988.6	0.40	1.000	7995.4	11702.4	1.46	OK	0.288	1/ 993
5	RC造	23457.6	0.40	1.000	9383.0	13733.3	1.46	OK	0.280	1/ 1023
4	RC造	26531.9	0.40	1.000	10612.7	15533.1	1.46	OK	0.265	1/ 1097
3	RC造	29224.3	0.40	1.000	11689.7	17109.4	1.46	OK	0.239	1/ 1225
2	RC造	31584.9	0.40	1.000	12633.9	18491.4	1.46	OK	0.229	1/ 1342
1	RC造	33881.9	0.45	1.000	15246.8	19836.2	1.30	OK	0.197	1/ 2109

※ Fes値には雑壁を考慮する

構造特性係数（力を吸収する能力に応じた低減係数）

※※　地震力：Y方向　左→右加力　※※　指定重心層間変形角に達した。最終STEP=43

階	主体構造	Qud	Ds値	Fes値	Qun	Qu	Qu/Qun	判定	層間変位	層間変形角
9	RC造	6606.9	0.30	1.000	1982.0	2632.2	1.32	OK	0.759	1/ 371
8	RC造	11748.4	0.30	1.000	3524.5	4680.6	1.32	OK	1.643	1/ 171
7	RC造	16080.5	0.30	1.000	4824.1	6406.5	1.32	OK	2.551	1/ 111
6	RC造	19988.6	0.30	1.000	5996.6	7963.5	1.32	OK	2.938	1/ 98
5	RC造	23457.6	0.30	1.000	7037.3	9345.6	1.32	OK	2.890	1/ 100
4	RC造	26531.9	0.30	1.000	7959.5	10570.4	1.32	OK	2.943	1/ 99
3	RC造	29224.3	0.30	1.000	8767.2	11643.0	1.32	OK	2.633	1/ 112
2	RC造	31584.9	0.30	1.000	11054.7	12583.5	1.13	OK	1.956	1/ 158
1	RC造	33881.9	0.35	1.000	11858.6	13498.7	1.13	OK	1.628	1/ 257

※ Fes値には雑壁を考慮する

※※　地震力：Y方向　右→左加力　※※　指定重心層間変形角に達した。最終STEP=44

階	主体構造	Qud	Ds値	Fes値	Qun	Qu	Qu/Qun	判定	層間変位	層間変形角
9	RC造	6606.9	0.30	1.000	1982.0	2644.7	1.33	OK	0.712	1/ 395
8	RC造	11748.4	0.30	1.000	3524.5	4702.9	1.33	OK	1.528	1/ 184
7	RC造	16080.5	0.30	1.000	4824.1	6437.0	1.33	OK	2.502	1/ 113
6	RC造	19988.6	0.30	1.000	5996.6	8001.4	1.33	OK	2.877	1/ 100
5	RC造	23457.6	0.30	1.000	7037.3	9390.1	1.33	OK	2.843	1/ 102
4	RC造	26531.9	0.30	1.000	7959.5	10620.7	1.33	OK	2.910	1/ 100
3	RC造	29224.3	0.30	1.000	8767.2	11698.4	1.33	OK	2.641	1/ 112
2	RC造	31584.9	0.35	1.000	11054.7	12643.4	1.14	OK	2.089	1/ 148
1	RC造	33881.9	0.35	1.000	11858.6	13562.9	1.14	OK	1.901	1/ 220

※ Fes値には雑壁を考慮する

7.8 せん断設計

(2) 必要Pwの結果一覧

※※　地震力：X方向　左→右加力　※※　指定最大層間変形角に達した。最終STEP=67

1) 梁

層	符号名	必要 pw	入力	層	符号名	必要 pw	入力	層	符号名	必要 pw	入力	層	符号名	必要 pw	入力	層	符号名	必要 pw	入力
Z10	10G1		0.42%	Z09	9G3		0.42%	Z07	7G2	0.20%	0.42%	Z05	5G1		0.42%
Z10	10G2	0.20%	0.42%	Z08	8G1		0.42%	Z07	7G3		0.42%	Z05	5G2	0.20%	0.42%
Z10	10G3		0.42%	Z08	8G2	0.20%	0.42%	Z06	6G1		0.42%	Z05	5G3		0.42%
Z09	9G1		0.42%	Z08	8G3		0.42%	Z06	6G2		0.42%	Z05	5G10		0.36%
Z09	9G2	0.20%	0.42%	Z07	7G1		0.42%	Z06	6G3		0.42%	Z04	4G1		0.42%

層	符号名	必要 pw	入力	層	符号名	必要 pw	入力	層	符号名	必要 pw	入力
Z04	4G2	0.20%	0.42%	Z03	3G3		0.42%	Z02	2G10		0.31%
Z04	4G3		0.42%	Z03	3G10		0.42%	Z01	1G1	0.20%	0.24%
Z04	4G10		0.36%	Z02	2G1		0.24%	Z01	1G2	0.20%	0.24%
Z03	3G1		0.42%	Z02	2G2	0.20%	0.24%	Z01	1G9		0.31%
Z03	3G2	0.20%	0.42%	Z02	2G3		0.31%				

2) 柱

階	符号名	必要 pw	入力	階	符号名	必要 pw	入力	階	符号名	必要 pw	入力	階	符号名	必要 pw	入力	階	符号名	必要 pw	入力
9	9C1		0.36%	9	9C6		0.39%	8	8C4		0.33%	7	7C2		0.50%
9	9C2		0.36%	9	9C7		0.39%	8	8C5		0.39%	7	7C3		0.33%
9	9C3		0.36%	8	8C1		0.36%	8	8C6		0.39%	7	7C4		0.39%
9	9C4		0.36%	8	8C2		0.54%	8	8C7		0.39%	7	7C5		0.39%
9	9C5		0.39%	8	8C3		0.36%	7	7C1		0.50%	7	7C6		0.39%

必要な水平耐力 ＝ 地震時水平力 × 構造特性係数 × バランスによる割増し係数
　　　　　　　　　　　　　　　（力を吸収する能力に応じた低減係数）

付録4 注文住宅で欠陥住宅をつかまない手続きの流れ

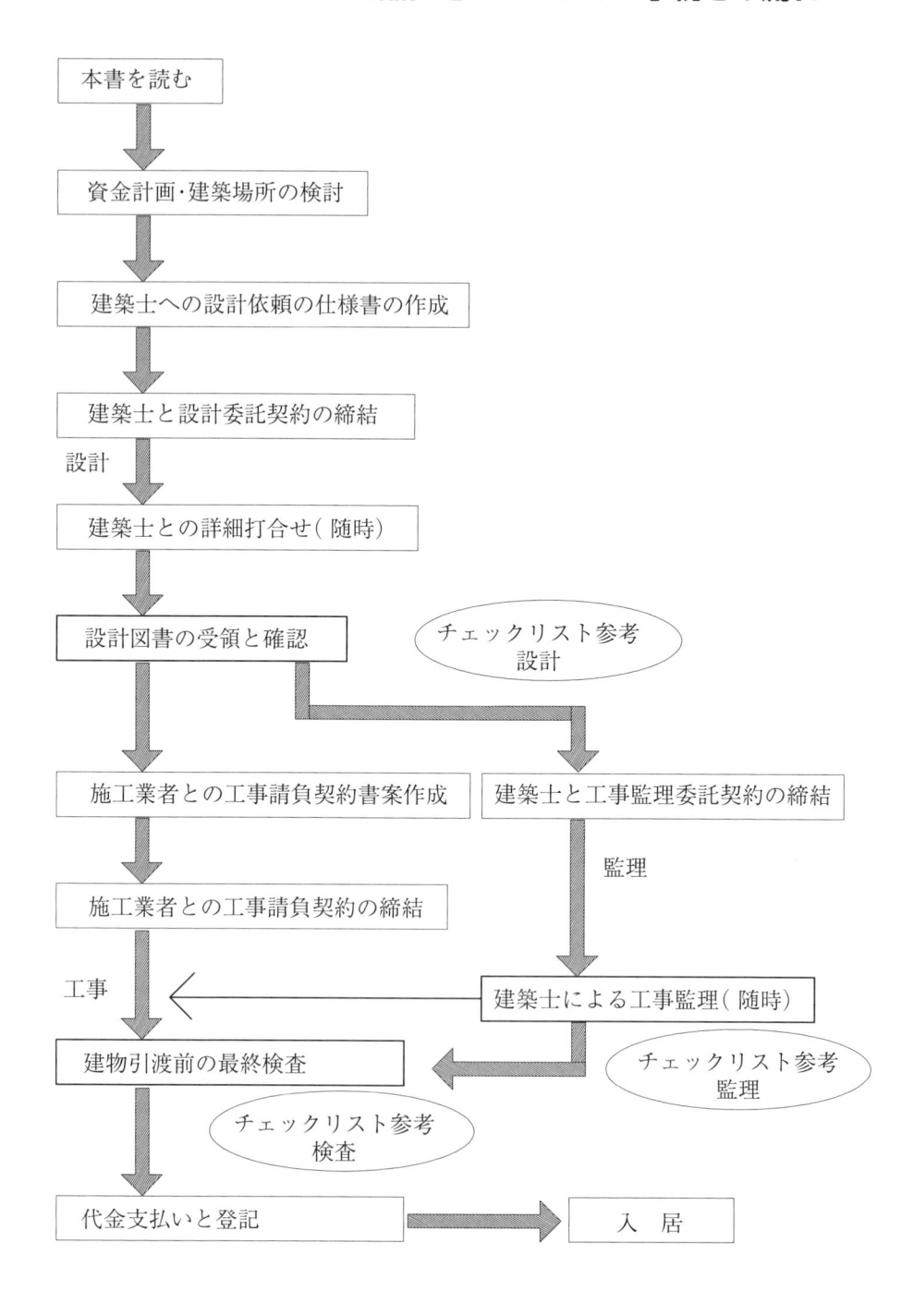

```
本書を読む
   ↓
資金計画・建築場所の検討
   ↓
建築士への設計依頼の仕様書の作成
   ↓
建築士と設計委託契約の締結
設計
   ↓
建築士との詳細打合せ(随時)
   ↓
設計図書の受領と確認 ────→ (チェックリスト参考 設計)
   ↓                          ↓
施工業者との工事請負契約書案作成    建築士と工事監理委託契約の締結
   ↓                              ↓ 監理
施工業者との工事請負契約の締結      建築士による工事監理(随時) → (チェックリスト参考 監理)
工事 ←──────────────────────────────┘
   ↓
建物引渡前の最終検査 ── (チェックリスト参考 検査)
   ↓
代金支払いと登記 ────→ 入居
```

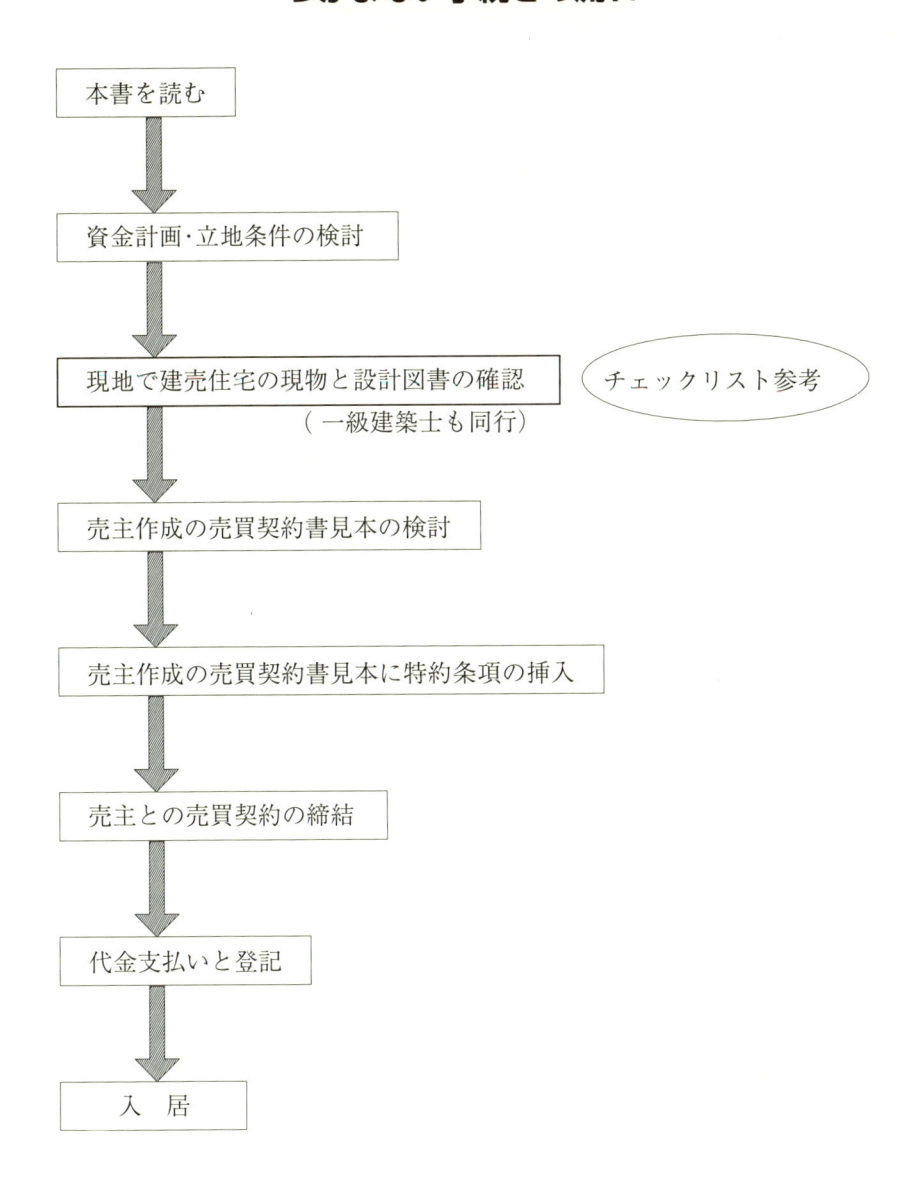

付録5　一戸建て建売住宅で欠陥住宅をつかまない手続きの流れ

```
本書を読む
   ↓
資金計画・立地条件の検討
   ↓
現地で建売住宅の現物と設計図書の確認    チェックリスト参考
        （一級建築士も同行）
   ↓
売主作成の売買契約書見本の検討
   ↓
売主作成の売買契約書見本に特約条項の挿入
   ↓
売主との売買契約の締結
   ↓
代金支払いと登記
   ↓
入　居
```

付録6　マンションで欠陥住宅をつかまない手続きの流れ

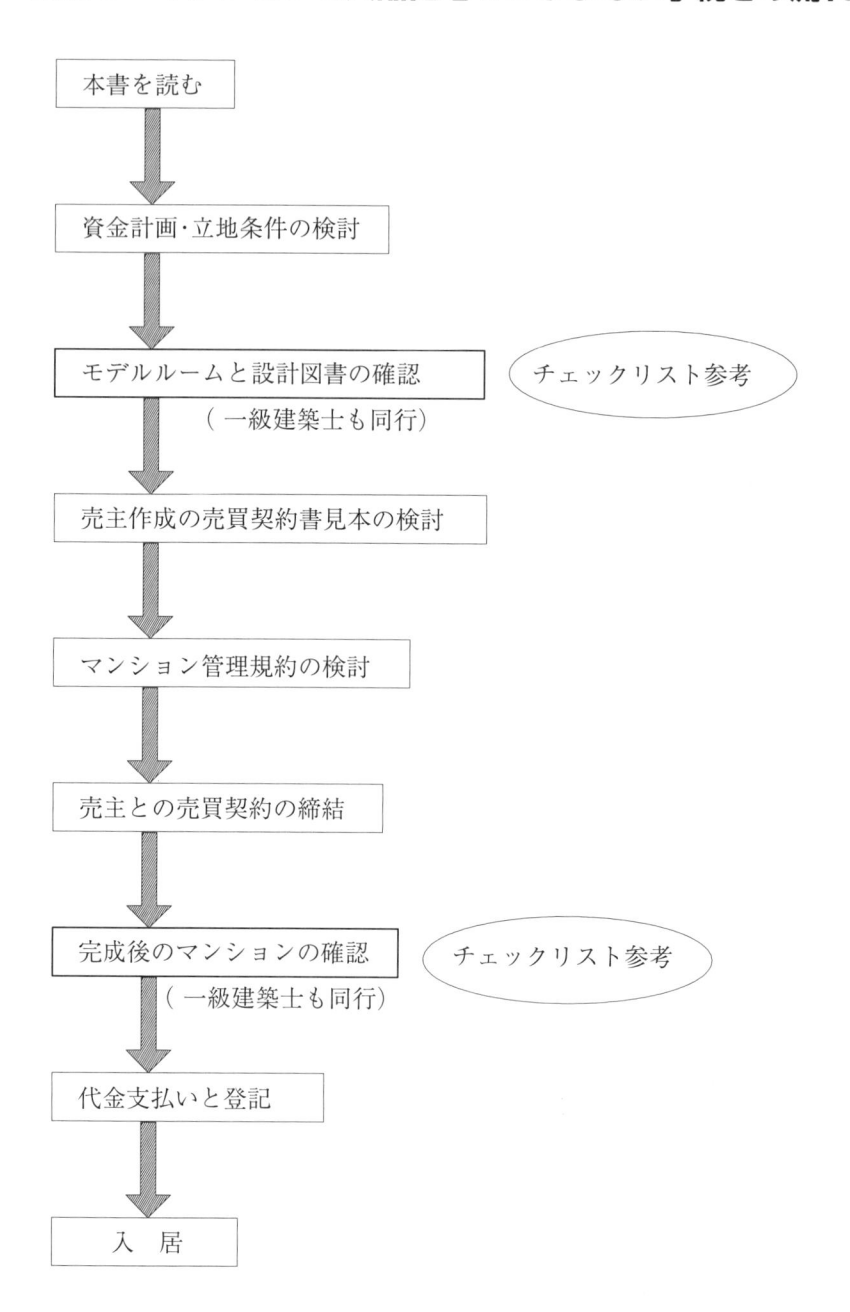

```
本書を読む
   ↓
資金計画・立地条件の検討
   ↓
モデルルームと設計図書の確認　　　　チェックリスト参考
（一級建築士も同行）
   ↓
売主作成の売買契約書見本の検討
   ↓
マンション管理規約の検討
   ↓
売主との売買契約の締結
   ↓
完成後のマンションの確認　　　　　　チェックリスト参考
（一級建築士も同行）
   ↓
代金支払いと登記
   ↓
入　居
```

付録7　土地・建物の売買契約書の主なチェックポイント

(1) 売買の目的物（土地・建物）の表示は登記簿の記載の通りに正確に記載されているかを確認します。例えば、売買の目的物（土地・建物）の表示は次のようにします。

土地の表示　　所在・○市○町○丁目8番6　宅地　地積 225.08 ㎡
　　　　　　　所在・○市○町○丁目8番7　宅地　地積　38.50 ㎡
　　　　　　　　　　　　　　　　　　　　　　　　合計 263.58 ㎡
建物の表示　　所在・○市○町○丁目8番6　家屋番号・8番6
　　　　　　　種類・居宅　　構造・木造瓦葺き2階建
　　　　　　　床面積・1階 120.30 ㎡、2階 48.06 ㎡、合計 168.36 ㎡
　　　　　　　（未登記の建物がある場合は、未登記である旨を表示します）

(2) 売買代金、手付金の額および支払日を次例のように明確に記載します。

　　(a)　売買代金　　土地　金 27,500,000 円
　　　　　　　　　　　建物　金 10,000,000 円
　　　　　　　　　　　消費税　　金 500,000 円（課税業者の場合のみ）
　　　　　　　　　　　合計　金 38,000,000 円
　　　　　　　　　　　（売主が消費税課税業者の場合は建物に課税）
　　(b)　手付金　　　金 3,000,000 円（支払日は本契約調印時）
　　(c)　残代金　　　金 35,000,000 円（支払日は平成○年○月○日）

(3) 手付金は、残代金支払時に売買代金に充当する旨を記載します。売主が宅地建物取引業者の場合の手付金の額は、売買代金の20％を超えることはできません。

(4) 土地の登記簿面積と実測面積に増減があっても売買代金の精算をしないことにするのか、精算をするのかを明確に記載します。精算をする場合には、1㎡当たりの単価を定めておく必要があります。公簿（登記簿）面積による売買でも、売主は境界を明示する義務があ

ります。買主は、売主に境界標の設置を求めて、後日、境界について紛争が起こらないようにする必要があります。境界不明の場合は、最終的には裁判所の境界確定訴訟の判決によって確定する必要があります。

(5) 所有権移転時期、不動産引渡時期、登記申請手続について明確に記載します。

① 所有権移転時期は、例えば、「買主が所有権移転登記に必要な書類と引き換えに売主に売買代金全額の支払いを完了した時に売主から買主に移転するものとする」とか、「本物件の所有権は、買主が売買代金の全額を支払い、売主がこれを受領した時に売主から買主に移転する」のように記載します。

② 不動産引渡時期は、例えば、「売主は、買主に本物件を売買代金全額を受領した日に引き渡す」のように記載します。

③ 登記申請手続は、売主と買主が共同して申請する必要がありますが、実務上は、買主が売主の委任状を貰って申請する場合や売主・買主の両方が司法書士に依頼して申請をする場合があります。司法書士に登記申請を依頼する場合には相当の費用がかかりますので、売主と買主の費用の負担割合を定めておく必要があります。

　登記と所有権の移転とは無関係ですから、買主が登記所（法務局）の登記相談係で登記申請書の確認を受けた後、買主が売主の委任状を貰って申請する場合が多くなっています。登記相談係には登記申請書の見本や用紙を置いていますから、登記は簡単にできます。登記の制度は、例えば、売主Aが買主Bと買主Cに二重に売った場合に、先に登記をした者だけが所有権取得を主張することができる（対抗することができる）という制度に過ぎないのです。買主は、売買契約を締結する前に登記申請に必要な書類を登記所の登記相談係で確認しておく必要があります。

(6) 公租公課（固定資産税その他の税）の売主と買主の負担割合とその計算の起算日を定めておく必要があります。例えば、「本物件に対

して賦課される公租公課は、引渡日の前日までの分を売主が負担し、引渡日以降の分を買主が負担する」として起算日を1月1日または4月1日とします。

(7) 手付金については手付放棄や手付倍返しによる契約の解除を定めておきます。例えば、「売主は、買主に受領済みの手付金の倍額を支払い、また、買主は、売主に支払済みの手付金を放棄して、それぞれこの契約を解除することができる」のように定めます。

(8) 契約当事者の契約違反により解除がなされた場合の違約金を定めておく必要があります。売主が宅地建物取引業者の場合の違約金の額は売買代金の20％を超えることはできません。例えば、「この契約の解除に伴う損害賠償に係る違約金は、売買代金の20％相当額とする」のように定めます。

(9) 住宅ローンのような融資を利用する場合は、買主の速やかに借入手続をする義務や、融資の全部または一部の承認が得られない場合には売買契約が自動的に消滅することを定めます。この場合には契約解除ではないので、売主は、受領済みの金員を無利息で遅滞なく買主に返還することを定めます。融資利用の場合は、融資金融機関名（銀行名、住宅金融公庫）・融資承認予定日・融資金額も売買契約書に記載します。

(10) 瑕疵担保責任（欠陥から生ずる責任）として買主は契約の解除や損害賠償請求ができることを定めます。例えば、「①買主は、本物件（土地と建物）に隠れた瑕疵があり、この契約を締結した目的が達せられない場合は契約の解除を、その他の場合は損害賠償請求を、売主に対してすることができる。②建物については、買主は、売主に対して、前項の損害賠償に代え、又はこれとともに補修の請求をすることができる。③本条による解除又は請求は、本物件の引渡し後2年を経過したときはできないものとする」といった文言の売買契約書が宅地建物取引業者の媒介（仲介）業務では用いられています。瑕疵担保期間を1年としている場合もありますが、宅地建物取引業者

が売主の場合は、目的物の引渡日から2年未満の瑕疵担保期間を設定しても無効となり民法の規定が適用されます。

　民法の規定する瑕疵担保責任による契約の解除または損害賠償請求は、買主が、隠れた瑕疵（買主が欠陥を知らず、または知り得なかった欠陥をいいます）の事実を知った時から1年以内にする必要があります。1年の期間は契約によって2年とか3年に伸ばすことができます。更に、売主は、瑕疵担保責任を負わない旨の契約をしていても、知っていて買主に告げなかった事実については責任を負います。瑕疵担保責任による損害賠償請求権は10年の消滅時効（権利を消滅させる制度）にかかるので、建物引渡日から10年の経過後に瑕疵の存在を知った場合には損害賠償請求権が消滅しているので、瑕疵を知った時から、たとえ1年以内であっても損害賠償請求はできません。

　平成12年4月以降に契約した新築の建売住宅や注文住宅については「住宅の品質確保の促進等に関する法律」によって住宅の、①構造耐力上主要な部分の欠陥と、②雨水の浸入を防止する部分の欠陥については住宅の引渡時から10年間の瑕疵担保責任を売主や請負人が負うこととされています。この①②以外の欠陥については契約や民法の規定（第1章のQ9参照）に従うことになります。

(11)　買い換えの場合に購入物件の契約が先行する場合は、次のような契約をします。

　第〇条　買主は、次の不動産（以下「手持物件」という）の売却代金をもって本物件の購入代金を弁済するため、平成〇年〇月〇日までに当該手持物件が、金〇〇〇〇万円以上で売却できなかったとき又はその売却代金を受領できなかったときは、この契約は自動的に消滅する。

　2　前項によりこの契約が消滅したときは、売主は、直ちに受領済みの金員を全額無利息にて買主に返還しなければならないものとし、この契約書第〇条（手付解除）及び第〇条（契約違反による解除）は適用されないものとする。

不動産の表示　名称　　　〇〇マンション（区分所有建物）
　　　　　　　室番号　　9階901号室
　　　　　　　所在　　　〇県〇市〇町〇丁目8番地1
　　　　　　　住居表示　〇県〇市〇町〇丁目〇番〇号
　　　　　　　構造　　　鉄骨鉄筋コンクリート造陸屋根15階建
　　　　　　　床面積　　181.05平方メートル（登記簿面積）

⑿　契約条項の記載の次に契約書調印年月日（契約締結年月日）を記載します。

⒀　契約書の末尾付近に売買契約当事者である売主と買主が署名と押印をします。重要な契約ですから、実印（市町村に登録をした印鑑）を使用します。特に売主については所有権移転登記に印鑑証明書が必要ですから、必ず印鑑証明書つきの実印を使用します。ただし、登記申請の実務では、登記申請には重要な売買契約書は使用せずに登記申請書の副本（正本と同じもの）を使用します。

⒁　宅地建物取引業者が媒介（仲介）をした場合には、売買契約書の末尾付近にその宅地建物取引業者の住所・名称・代表者名、宅地建物取引主任者の登録番号・氏名を記載して押印をします。

⒂　不動産の売買契約書には印紙税法に規定する額の収入印紙を貼付して契約書と印紙とにかけ消印をする必要があります。収入印紙を貼付していない契約書も効力を失うことはありませんが、印紙税法に規定する罰則の適用があります。一般に契約書は売主用と買主用の2通を作成しますから、印紙代は契約当事者が折半することになります。印紙税法に規定する額は、次例のようになっています。

　　契約金額が500万円を超え1千万円以下の場合　　　　1万円
　　契約金額が1千万円を超え5千万円以下の場合　　　　2万円
　　契約金額が5千万円を超え1億円以下の場合　　　　　6万円
　　契約金額が1億円を超え5億円以下の場合　　　　　 10万円

[著者略歴]

宮武　正基（みやたけ　まさき）

　1978年、大成建設株式会社建築部入社。工事監理を担当。1989年、宮武建築設計事務所開設。一級建築士、一級建築施工管理技士、宮武建築設計事務所長、欠陥住宅調査センター代表
　連絡先　宮武建築設計事務所　欠陥住宅調査センター
　電話 087-833-0180／FAX 087-863-7838

矢野　輝雄（やの　てるお）

　1960年、NHK（日本放送協会）入局。番組編成、番組制作、著作権、工業所有権のライセンス契約などを担当。元NHKマネージング・ディレクター。元NHK文化センター講師。現在、矢野行政書士社会保険労務士事務所長、市民オンブズ香川・事務局長
　主な著書：『欠陥住宅被害・対応マニュアル』「定年からの生活マニュアル」「絶対に訴えてやる！」「ひとりでできる行政監視マニュアル」「行政監視・本人訴訟マニュアル」「＜逮捕・起訴＞対策ガイド」（以上、緑風出版）、「わかりやすい特許ライセンス契約の実務」「そこが知りたい！知的財産権」（以上、オーム社）「市民オンブズ活動ハンドブック」（東方出版）、「あなたのための法律相談＜相続・遺言＞」「あなたのための法律相談＜離婚＞」（以上、新水社）、「市民オンブズ活動と議員のための行政法」（公人の友社）、「家裁利用術」（リベルタ出版）ほか
　連絡先　矢野事務所　電話 087-834-3808／FAX 087-835-1405

欠陥住宅をつかまない法

2006年2月25日　初版第1刷発行　　　　　　　　定価1900円＋税

著　者　　宮武正基・矢野輝雄 ©
発行者　　高須次郎
発行所　　緑風出版
　　　　　〒113-0033　東京都文京区本郷 2-17-5　ツイン壱岐坂
　　　　　〔電話〕03-3812-9420〔FAX〕03-3812-7262
　　　　　〔E-mail〕info@ryokufu.com
　　　　　〔URL〕http://www.ryokufu.com
　　　　　〔郵便振替〕00100-9-30776

装　幀　　堀内朝彦
写　植　　R企画　　　　　　印　刷　　モリモト印刷・巣鴨美術印刷
製　本　　トキワ製本所　　　用　紙　　大宝紙業
〈検印・廃止〉落丁・乱丁はお取り替えいたします。　　　　　　　　E2,000

本書の無断複写（コピー）は著作権法上の例外を除き禁じられています。なお、複写など著作物の利用などのお問い合わせは日本出版著作権協会（03-3812-9420）までお願いいたします。
ISBN4-8461-0605-5　C0052　　　©Masaki Miyatake, Teruo Yano, 2006　Printed in Japan

JPCA 日本出版著作権協会
http://www.e-jpca.com/

＊本書は日本出版著作権協会（JPCA）が委託管理する著作物です。
本書の無断複写などは著作権法上での例外を除き禁じられています。複写（コピー）・複製、その他著作物の利用については事前に日本出版著作権協会（電話03-3812-9424, e-mail:info@e-jpca.com）の許諾を得てください。

◎緑風出版の本

■全国のどの書店でもご購入いただけます。
■店頭にない場合は、なるべく書店を通じてご注文ください。
■表示価格には消費税が加算されます。

欠陥住宅被害・対応マニュアル

矢野輝雄・宮武正基著

A5判並製
一七六頁
1900円

欠陥住宅に泣く人は後を絶たない。その上、原因究明や解決となると、時間や費用がかかり、極めて困難だ。本書は一級建築士らが、建築の素人である一般市民でも闘えるように、業者に対抗する知識やノウハウを解説。

定年からの生活マニュアル

矢野輝雄著

A5判並製
二二〇頁
1900円

平均寿命も延びる中、定年後の長い期間を過ごすため、また生活設計をするためには、少なくとも難しい社会保険制度やその他の仕組みを理解することが必須である。本書はQ&A方式でわかりやすく、それぞれを解説!

行政監視マニュアル ひとりでできる

矢野輝雄著

A5判並製
二六〇頁
2200円

税金の無駄遣いの監視等は、各自治体の監査委員や議会がすべきですが、「眠る議会と死んだ監査委員」といわれ、何も監視しない状況が続いています。本書は、市民がひとりでもできるように、丁寧に様々な監視手法を説明しています。

絶対に訴えてやる!
訴えるための知識とノウハウ

矢野輝雄著

A5判並製
一八八頁
1900円

「絶対に訴えてやる!」と思った時一人で裁判にもちこむこととも可能。本書は、民事訴訟、家事事件や告訴、告発までの必要な理論と書式、手続をわかりやすく解説すると共に、マニュアルとしてそのまま利用可能。手許に置くべき1冊だ。

「逮捕・起訴」対策ガイド
市民のための刑事手続法入門

矢野輝雄著

A5判並製
二〇八頁
2000円

万一、あなたや家族が犯人扱いされたり、犯人となってしまった場合、どうすればよいのか? 本書はそういう人たちのために、逮捕から起訴、そして裁判から万一の服役まで刑事手続法の一切を、あなたの立場に立って易しく解説。